京都おいしい店
カタログ
'21-'22年版

朝日新聞出版

目次

本書の使い方 4

001 → 009
ツウが選ぶ最新京都グルメ
京都グルメを極めたツウが通う店

壱 「京都速報」編集長 細井悠玄さん 6
貳 インスタグラマー きょん。さん 10
参 そ/s/kawahigashi 中東篤志さん 14

店選びの心得 18

010 → 049
注目の新しい店
個性豊かなニューフェイスをチェック 19

【中特集】DEEP KYOTO

夏の風物詩対決
鴨川納涼床 vs 貴船の川床 72

呑めるパンを求めて!
パンの町・京都で
ベーカリーはしご 114

こんなに使える!
2020年、
生まれ変わった新風館 144

温故知新な和菓子の
進化を徹底調査! 188

051
↓
187

朝・昼・夜、口福。

朝から晩まで、ハイレベル！

朝ごはん 56
昼ごはん 74
夜ごはん 116

55

189
↓
256

甘党おいでやす。

あま〜い甘味に無我夢中

161

258
↓
279

個性立ってます。

マニアにはたまらない！個性が極立つ店

217

【コラム】あの名作に登場する京都グルメ

ドラマ編
原作・久住昌之、作画・谷口ジロー
『孤独のグルメ』
54

小説編
川端康成『古都』
160

漫画編
よしながふみ『きのう何食べた？』
216

駆け込み 京都駅グルメを調査！
INDEX 252
238

本書の使い方

- 本書は、厳選した京都のグルメを、新しい店・朝ごはん・昼ごはん・夜ごはん・おやつ・テーマ別に分けて紹介しています。目次を参照して、目的のグルメのカテゴリーのページを開いてみてください。

- 料金は全て税込みで記載しています。※サービス料が発生する場合もあり

- 定休日は、原則としてGW、お盆、年末年始を除く定休日のみ表示しています。詳細は各店舗にお問い合わせください。

えりぬきの食材で作る　コース形式の朝食を

055
朝食 喜心 ❶

建仁寺近くの路地にある朝食処、喜心の朝食2750円は「一飯一汁スタイル」。品数は絞り込み、その分素材の吟味と調理に手間を惜しまずに提供します。土鍋ご飯は炊き上がってすぐの「にえばな」から数段階にわけて少しずつ供されるので、食感と味の移り変わりを楽しめる。最初に出されるお椀は、老舗の京白味噌を使った豚汁などる種類から選べる旨だくさんの汁物。丸干しでご飯のお供に。最終13時半開始なので時間半ずつの3部制、予約が望ましい。

祇園　ちょうしょく きしん ❷　（CARD）　10席

京都市東山区小松町555／7:30～14:50（LO13:30）／月曜休（祝日の場合は営業）／京阪祇園四条駅四条口から徒歩5分

❸

朝ごはん

61

※ 本書に掲載したデータは2020年7月の取材調査に基づくものです。店舗やメニュー、商品の詳細については変更になる場合がありますので、あらかじめご了承ください。

※ 原則として通常営業時の情報を記載しています。新型コロナウイルス感染症対策などで、内容が異なる場合があります。

※ 本誌に掲載された内容による損害等は弊社では補償しかねますので、あらかじめご了承ください。

❶ 店名
紹介している料理が食べられる店舗を表記

❷ 店舗情報
上からエリア名、電話番号、予約可否、席数、住所、営業時間、定休日、アクセスを記載

❸ 店舗アイコン

- （CARD）　クレジットカード使用可
- 個室がある　※空室は問い合わせ
- 禁煙席あり　※分煙の場合あり
- 坪庭が見える、川沿い、高台から景色を一望できるなど、ロケーションを楽しめる
- バリアフリー
- 町家

4

ツウが選ぶ最新京都グルメ

壱 「京都速報」編集長　細井 悠玄さん　6

貳 インスタグラマー　きょん。さん　10

參 そ/S/kawahigashi　中東 篤志さん　14

001 ⇩ 009

おもてなしするなら…

仁修樓

1.
華修 1万6500円

京都美味指南
KYOTO GOURMET GUIDE

通 SELECTION

壱

「京都速報」編集長

細井 悠玄 さん YUTO HOSOI

PROFILE グルメ情報を中心に扱う月刊誌の営業・制作を経て、その後独立。"ニュースサイト京都速報"の編集長として、"京都での暮らしがもうちょい面白くなるWEBマガジン"をテーマにサイトを運営する。京都市内を駆けまわり、新店開拓の日々を送る。

「料理を食べるためにわざわざ足を運んでほしい」と、あえて街中の喧騒から離れた土地に店をオープンさせたのは2019年11月。店主の上岡さんは、有名ホテルで長年腕を振るい、独立。一品一品こだわりを詰め込んだ料理は、コース方式で提供。来店2回目からは、客の好みや要望に合わせてオリジナルのコースを組んでくれるという。趣向を凝らした料理はどれも唸る美味しさだが、中でも

丁寧な仕事が光る至極の広東料理をコースで

1. 広東式ローストチキンは、まずはそのまま食べて 2. 目にも麗しい善哉 3. 濃厚な海老のうま味が広がる 4. ウェルカムフラワーでおもてなし 5. カウンター席がメイン

一品ずつのこだわりが半端ない、手軽にコース料理がいただける新店。アンティーク茶盤の上でいれてくれる中国茶もおすすめです。

注目したいのは広東式ローストチキンだ。広州から取り寄せたという専用窯を使用。焼石の遠赤外線でじっくりと時間をかけて火を通すため、口に入れると鶏の肉汁が一気に流れ込む。歯の必要性を感じないほどのやわらかさも驚きだ。メインのローストチキンのほか、多彩な味を楽しめる前菜の盛り合わせ、伊勢海老のチリソースなど、全8品の美食の競演を上質な空間でゆっくりと堪能したい。

（紫竹）
にんしゅうろう

☎075-366-8843
〈完全予約制〉 6席

京都市北区紫竹北栗栖町
2-12 / 18:00～20:00 /
水曜休 / 市バス大宮交通公園前から徒歩1分

通セレクション

1er ETAGE

2019年11月に移転リニューアルした、カフェ併設のドライフラワー専門店。店内をドライフラワーが埋め尽くし、やさしい香りに包まれる。四季折々の花のほか、すずらんやチューリップなどの球根植物が揃うのも専門店ならでは。1本からの購入や自分好みのアレンジなどが可能だ。アンティーク家具を配したカフェでは、店内のドライフラワーを眺めながら、ブラウニーなど日替わりのスイーツやドリンクが楽しめる。

【河原町】

プルミエ エタージュ

☎なし〈予約不可〉 💺12席

京都市中京区御幸町通六角下ル伊勢屋町342／12:00〜19:00／不定休／阪急京都河原町駅9番出口から徒歩5分

CARD

ドライフラワーに囲まれた空間はどこを切り取っても絵になります。暖かい日はテラス席でゆっくりするのがおすすめ。

ドライフラワーに包まれた街中の癒し空間

ドライフラワーのアレンジメントは3000円から受付してくれる。どっしり食べごたえのあるチョコバナナブラウニー550円。コーヒー500円と一緒に

完全予約制の隠れ家で過ごすなら…

嘘と僕

宇治
うそとぼく

☎なし〈完全予約制〉 🪑16席

宇治市折居台3-2-183／11:00〜15:00／月・火・金曜休／JR宇治駅南口から徒歩20分

オープンは2020年6月。塗装業を営む店主のショールームとカフェ、というユニークな店で、塗装業を営む店主による特殊塗装したハイセンスな家具や額縁が並ぶ。フォトジェニックなかき氷やドリンクが人気で、「季節の果実パフェ氷」は、たっぷりのフルーツとバニラアイスにヨーグルトソースのかかった贅沢な一品。器もユニークでアーティスティックな仕上がりだ。完全予約制なので、詳細はインスタグラムをチェック。

店主のこだわりが光る空間で旬フルーツのかき氷を

佐藤錦やスイカなどのフルーツが盛りだくさん、季節の果実パフェ氷 1500円（かき氷のメニューは毎日変動）。ほうじ茶（hot）400円。美術館を思わせるハイセンスな空間が魅力的

インスタグラマー@kubotosouさんによる宇治の注目店ですが、オープンからすでに連日満席が続いています。美しいかき氷を一度食べてほしい！

9

ゆっくりとお茶するなら…

和栗専門 紗織

通 SELECTION

貳

インスタグラマー きよん。さん KYON

和栗と季節の果物パフェ 2500円

PROFILE 関西を中心に活躍するインスタグラマー。おしゃれなカフェやスイーツ情報を日々発信し、フォロワー7万人超えの人気を誇る。店の空気感まで伝わってきそうな乙女な写真に定評がある。

2019年にオープンするやいなや、SNSを中心に注目を集める和栗専門店。毎日オープン前の9時から配布している整理券は、午前中になくなることもあるという人気ぶりだ。この店を訪れる客の多くが注文するというのが、最高級丹波栗を使った贅沢なモンブラン。通常のモンブランよりはるかに細い約1ミリの細さで絞るマロンクリームは、なめらかなくちどけでダイレクトに栗の甘みを感じられる。大きめのサイ

10

アーティスティックな極細モンブランが話題

1. カウンターなら目の前でモンブランを絞る様子が見られる 2. 窓の向こうは鴨川 3. 紗織「紗-しゃ-」最高級丹波くり2400円。ペアドリンクが付く 4. 木屋町通に店を構える

絞りたての繊細なモンブランに和栗の旨みが凝縮。テイクアウト限定の「1mm和栗のモンブランソフト〜綾〜」もおすすめ。

ズながら、軽い口当たりなので、ペロリと食べられるのも魅力だ。人気の理由は、臨場感たっぷりの演出にも。カウンター席に座ると、目の前で絹糸のようなマロンクリームを絞る様子を見ることができる。モンブランのほかにも、季節の果物とのマリアージュを楽しめるパフェやタルトなど、和栗をふんだんに使ったスイーツを用意。古い町家をモダンに改装した空間で、ここでしか味わえない逸品を堪能したい。

河原町

わぐりせんもん さをり

☎075-365-5559
〈予約不可〉　34席

京都市下京区和泉屋町170-1／10:00〜18:00 (LO17:30) ※整理券配布は9:00〜／不定休／市バス河原町松原から徒歩3分

通セレクション

キュートなスイーツを撮影するなら…

LITT UP. KYOTO GION

SNS映え必至のメニューを提供するカフェで、祇園店は2019年にオープン。アパレルで働いていたオーナーが、カフェタイムもおしゃれに楽しみたいと始めたという。本店で人気の色が変わるドリンクや、アートなトーストに加え、こちらではテイクアウトできるいちごあめが人気。甘みの強い苺を飴で薄くコーティング。ポッピングキャンディーで、食感の変化を楽しめる。季節限定のメニューも登場するので要チェック。

（祇園）
リットアップ
キョウトギオン

☎なし〈予約不可〉
🪑12席

京都市東山区祇園町南側633／10:00〜18:00／不定休／市バス祇園から徒歩2分

白で統一されたスタイリッシュな店内。八坂神社にも近く、散策途中に立ち寄る観光客も多いという。シンプルな背景をバックに、映える写真を撮影してみて。

撮らずにはいられない！
キュートすぎるいちごあめ

ICHIGO AME 600円

アイドル並みのかわいさを放ついちごあめ。飴のパリパリ音とポップキャンディーのパチパチ音が共鳴し合い、口内がお祭り騒ぎに。

コーヒーとベストマッチの極上なめらかプリン

プリン 583円

店の看板スイーツでもあるプリンは、通称「飲めるプリン」と呼ばれるほど。その名に違わず、スプーンですくうと崩れてしまうほどになめらかでとろとろの食感

バリスタがいれるコーヒーはもちろん、自家製スイーツも専門店レベルの美味しさ。どちらも主役になってしまう贅沢な一軒。

2020年1月にオープンしたカフェで、四条河原町の路地に佇む。オーナーバリスタは、JSA認定ソムリエやJBC公認ジャッジとしても活躍する西尾さん。エチオピアやケニアなどの豆を使用するドリップコーヒーは、ザクロやブラッドオレンジなどのフルーティーさが感じられるすっきりとした飲みやすさが特徴だ。スイーツも本格的で、レモンケーキやマフィンといった焼菓子のほか、店主自慢のプリンなど生菓子も多数。

[京都市役所前]
ディレクトコーヒー
☎075-354-5101
〈予約不可〉 20席
京都市中京区八百屋町106-2／9:00〜19:00／不定休／地下鉄京都市役所前駅8番出口から徒歩5分

ほっと一息つくなら…

Direct Coffee

素材の味を楽しむなら…

大國屋鰻兵衛

そ / s /kawahigashi

中東 篤志 さん

ATSUSHI NAKAHIGASHI

PROFILE 京都市出身のカリナリーディレクターで「そ/s/kawahigashi（→P.28）」のオーナー。ニューヨークと京都を拠点に活動し、日本食のポップアップイベントの企画や飲食店のプロデュースのほか、食からの地創生事業なども手がける。

錦市場で大正5（1916）年から続く「大國屋」。川魚と鰻を扱う老舗で、2018年に鰻の専門店「大國屋鰻兵衛」オープンさせた。メニューは、鰻と炊きたてのご飯がセットになった「地焼うなぎとおくどはん」のみで、注文が入ってから鰻を焼き、土鍋でご飯を炊き上げる。ご飯は滋賀県近江八幡で収穫された米を使用。小さめの粒で甘みがしっかりと感じられ、炊きたてはもちろん、冷め

14

土鍋でふっくら炊かれたご飯と 焼きたて鰻との調和を堪能

> 鰻はもちろんご飯も絶品。甘みの強いご飯は鰻の味をさらに引き立てています。シンプルに「これを食べに来た!」と思わせてくれる一品。

炊き上がるのが待ち遠しい

地焼うなぎとおくどはんは一人前6600円。炊飯には、店主自ら選んだこだわりの土鍋を使用。錦の井戸水を使い、ツヤツヤに炊き上げる。店内に漂うこうばしい香りもごちそう

てもおいしいとファンが多い。鰻は主に愛知県三河産のものを使用。身がやわらかく、あっさりとした味わいが特徴で、甘みを抑えたシンプルなタレとの相性も抜群。付け合わせの奈良漬やちりめんじゃこもさっぱりとした味わいでご飯が進む。一通りご飯を食べ終えた頃を見計らって、おこげとお茶漬け専用として作られたぶぶうなぎのお茶漬けが供されるのも楽しみのひとつだ。

(四条烏丸)
おおくにやまんべい
☎075-255-2590
〈予約可〉 🍴12席

京都市中京区菊屋町534／11:00～14:30(LO)／水曜、第4火曜休／阪急烏丸駅15番出口から徒歩5分

通セレクション

15

京都の食材を使ったフレンチなら…

RYORIYA STEPHAN PANTEL

和素材と空間にマッチするフレンチ

料理は昼コース 6000円〜、夜コース1万 2000円〜。店の代名詞でもある、フォアグラのコンフィを大根の奈良漬で巻いた前菜（フォアグラの提供は夜のコース優先なので要問合せ）

旬の京野菜や奈良漬など、和の食材を完全に使いこなしたフレンチに毎回驚かされます。カウンターのスタイルも喜ばれると思います。

京都の食材を愛するフランス出身のシェフが手掛ける店。奈良漬とフォアグラを組み合わせたり、ステーキソースに赤味噌とカカオを使ったり、シェフの自由な発想で京都の食材とフランスが調和した至福のフルコースを提供。木のぬくもりを感じられる重厚な門構えの町家と、緑の庭のアプローチにも和の趣を感じる。季節によって扱う食材が異なるので、希望がある場合は、詳細な内容を事前に問い合わせてから出かけたい。

丸太町　リョウリヤ ステファン パンテル
☎075-204-4311
〈要予約〉　23席
京都市中京区柳馬場通丸太町下ル四丁目182／12:00〜12:30（最終入店）、18:00〜18:30（最終入店）／火曜、水曜休／地下鉄丸太町駅1番出口から徒歩4分

CARD ※夜のみ

熟成肉を食べ比べなら…

京都 中勢以月

熟成肉のパイオニアとして有名な伏見の精肉店「京中」が展開する肉料理専門店。使用される但馬牛は、脂の上品さや味の余韻の長さなどが特徴。ランチのハンバーグ200g1980円は、ひとくち頬張るとたっぷりの肉汁があふれ、旨みを感じられる。ディナーの人気は「4部位の食べ比べ」。ミルキーなみすじ、とろけるリブロースなど、食感や風味の違いを楽しみたい。

（東山）きょうと なかせいにくづき
☎075-748-1429
🍴12席

京都市東山区稲荷町北 組573／11:30〜14:00(LO)、18:00〜21:00(LO)／月曜休（祝日の場合は営業）／地下鉄東山駅南出口から徒歩5分

その日おすすめの熟成肉を食べ比べ

> 精肉店らしい肉の状態のよさに感動します。食べ比べは、おすすめや好みの部位を提供してくれるので、いろいろ相談してみてください。

4部位の食べ比べ1人前1万1000円（注文は2名〜）。スープ、サラダ、前菜がセット。各部位に合う塩や醤油などの調味料も出される。写真は2名分

絶対にハズさない

店選びの心得

京都グルメを極めた通たちのお店選びのポイントって? 京都グルメを楽しむコツって? 数多くの店を巡っているからこそ言える店選びの心得とは。

3 QUESTION :
Q1 おいしい店を選ぶポイントは?
Q2 京都グルメを楽しむコツは?
Q3 読者の方へのメッセージ

「京都速報」編集長
細井 悠玄さん

Q1
スタッフさんが多いお店は「アタリ」の可能性大。いつも忙しい証拠なので。また、トイレやドアノブなど細かいところまでこだわっているお店はやはり料理も丁寧ですね。

Q2
京都のお店は老舗の名店から、学生が楽しめるカジュアルなものまで実に幅広い。観光、地元など用途や立場、年齢に合わせたぴったりの名店が必ずあるという懐の深さが魅力です。

Q3
さまざまなジャンルの日々新しくオープンしたお店をサイトにアップしています。最近、YouTube「京都ロジウラTV」も始めたので、ぜひチェックしてみてください。

インスタグラマー
きよん。さん

Q1
メニューや空間に個性が宿っているお店は、それだけで十分行く価値あり。ここだけにしかない出合いがありますし、何より感性のアップデートにも繋がりますから。

Q2
まずはしっかりお腹を空かせておくこと!お店からお店の移動は、京の街並みに触れられるよう歩くと尚良し。意図していなかったお店の発見もあるかも知れません。

Q3
名店・新店問わず、洋菓子も和菓子もおいしいお店がたくさん。午前からオープンしているお店も多いため、朝から夜までグルメな時間が楽しめますよ。

そ/s/kawahigashi
中東 篤志さん

Q1
「この店のコレ!」と思わせる料理があるかどうか。そして、高級であってもカジュアルであっても、食べ手のことを考えた店であることを重視しています。

Q2
入りにくそうな店もちょっと勇気を出して入ってみる。店主に何を食べたらいか委ねるのもおすすめです。意外と気さくに教えてくれる店も多いですよ!

Q3
「京都らしさ」とは頑なに伝統を重んじるのではなく、時代時代に柔軟に合わせていくことだと思っています。それをキーワードに店選びをしてみてください。

18

注目の新しい店

ルーフトップ／麗しパフェ
町家カフェ／町家ランチ
社寺カフェ
　　　…等々

010
⇩
049

夜風を浴びながら カクテルで乾杯

きらめく夜景を眺めながらいただく、京都が誇る名Barの一杯

2020年3月オープン。元清水小学校の校舎を保存・活用したホテルの屋上にあるルーフトップバーで、京都を代表するバー「Bar K6」の西田稔氏が参画することでも話題に。京都市街を360°一望できる最高のロケーションで、こだわりのカクテルやウィスキーを堪能できるとあって、地元の人からも注目を集めている。

010
K36 The Bar & Rooftop

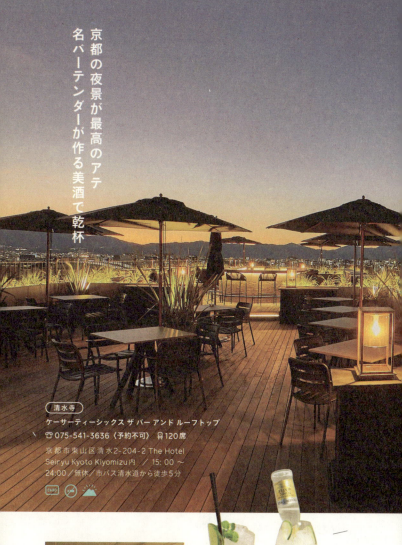

京都の夜景が最高のアテ
名バーテンダーが作る美酒で乾杯

[清水寺]
ケーサーティーシックス ザ バー アンド ルーフトップ
☎ 075-541-3636〈予約不可〉 120席
京都市東山区清水2-204-2 The Hotel Seiryu Kyoto Kiyomizu内 ／ 15:00～24:00／無休／市バス清水道から徒歩5分

新しい店

まずはコレ！

1. インパクトあるK36ジントニック1200円（税サ別）@Rooftopでの提供スタイル 2. フレッシュミントをたっぷり使ったモヒート1500円（税サ別）@The Barでの提供スタイル

21

麗しき フルーツパフェの世界
食べてしまうのが惜しくなる、心躍るリッチなおやつタイム

八坂の塔を望むカフェで美しすぎるパフェ

\ かわいすぎる！ /

1. 窓からの光が幻想的な空間を作り上げる 2. 焦がしキャラメルバナナとほうじ茶のパルフェ 1750円は、常時スタンバイしている定番パフェ 3. 八坂の塔を望む京都らしいロケーション

011
DORUMIRU.
yasakanotou

八坂の塔のそばに店を構えるパフェ専門店。"今までにないパフェを作りたい"という思いのもと、旬のフルーツをたっぷり盛り込んで仕上げたパフェは、見た目も味わいも唯一無二。美しい盛り付けで、スプーンを入れるのをためらってしまうほどでこだわった味わいを知れば、必ずや「もう一度来たい」と思ってしまうはず。パフェの色彩が際立つシンプルな空間も素敵で、八坂の塔を目の前に望む2階の窓際席が特等席だ。

(高台寺) ドルミール ヤサカノトウ
☎075-366-5000〈予約可〉 30席
京都市東山区金園町388-3／12:00～16:30／水曜休／市バス清水道から徒歩5分

新しい店

23

京情緒たっぷりの町家カフェで朝からアガル

町家でいただく朝食は、店内の雰囲気も相まって美味しさもひとしお

静寂に包まれた空間で京風パンに舌鼓

012
パンとエスプレッソと嵐山庭園

築210年を超える京都府指定有形文化財の旧小林家住宅を改装したベーカリーカフェ。意匠が残る店内でいただけるのは、京食材を使ったパンや、抹茶のフレンチトーストなど、京都らしいパンの数々。充実のアフタヌーンティーも人気だ。

パン5種とカヌレやティラミスがセットになったブランティーセット（松）2300円

 嵐山　パンとエスプレッソとあらしやまていえん

☎075-366-6850〈予約不可〉 36席

京都市右京区嵯峨天龍寺芒ノ馬場町45-15／8:00〜18:00／無休／嵐電嵐山駅から徒歩4分

24

坪庭を眺めながらほっこり時間

013 好文舎

路地奥のロケーションが京都らしい一軒。元呉服店の町家を改装したカフェで、坪庭に面した部屋はかつて応接室だった場所だ。早春は梅、秋は紅葉が美しく、街中にいながら奥座敷のような風情を感じられる。時間を忘れて、一人ぼんやりと贅沢なひと時を過ごしたい。

あんトースト300円には「カフェドコラソン」の豆で淹れたコーヒー500円がおすすめ

(京都御苑) こうぶんしゃ
☎090-9697-7255〈個室予約可〉 8席
京都市上京区甲斐守町118／10:30〜18:00／日曜休／市バス堀川中立売から徒歩5分

新しい店

町家でいただく 絶品ランチに舌鼓

わざわざ予約してでも行きたい、ジャンル多彩な人気のランチ

指折りの人気イタリアン
至極の洋食に舌鼓

014
リストランテ野呂

イタリアで修業を積み、さらに京都の有名洋食店で腕を磨いたシェフが手掛けるランチがいただける。前菜、パスタ、メインにデザートまで付き、手ごろなうえ、満足感も十分！

美しい前菜から始まるランチコース 4950円

二条城　リストランテのろ
☎075-823-8100〈予約可〉　22席
京都市中京区西ノ京職司町67-14／
11:30〜13:30、17:30〜20:30（最終入店）／
月曜・毎月1回火曜休／
地下鉄二条城前駅3番出口から徒歩5分

和食店の新星！
充実のランチが話題

015
料理屋 しん谷

2019年9月にオープンした町家の和食店。旬の食材を使う20品目の料理を盛り合わせた玉手箱ランチは、目移り必至の充実ぶり。炊き立ての土鍋ご飯と赤だし、デザートが付く。

町家の趣は残しながらも、モダンな雰囲気

玉手箱ランチ 2750円

伏見
りょうりや しんたに
☎075-748-7111
〈予約可〉　14席

京都市伏見区表町582-1／11:30〜13:30、18:00
〜22:00（最終入店）／不定休／京阪中書島駅北
出口から徒歩3分

タンドリーチキン＆ジャンバラヤ 1050円

町家ビアパブで
ヘルシーランチ

016
家守堂

老舗茶舗が手掛ける日本酒とクラフトビールの店。丁寧に淹れるお茶や店奥のブルワリーで造るビールなどが楽しめる。昼は玄米や野菜をたっぷり使ったヘルシーランチを提供。

昼からビール
いかが？

（伏見） やもりどう
☎075-603-3080〈予約可〉　30席
京都市伏見区中油掛町108／
11:00〜22:00／月曜休／
市バス京橋から徒歩2分

1日15食限定のちらし寿司セット 3000円

隠れ家寿司店で
うっとり寿司ランチ

017
路地との本

旬の味覚を自在に操る和食と寿司の名店で、お茶屋が立ち並ぶ細い路地に佇む。素材の味を生かす京料理のように、旬の素材で丁寧に作られる寿司が人気を集めている。

＼ミニ会席も好評！／

（祇園） ろじとのもと
☎075-525-7557〈予約可〉　22席
京都市東山区宮川町5-325-1／
11:30〜14:30、17:30〜21:00、
22:00〜翌3:00（要予約）／
月曜休／京阪祇園四条駅3番出口から
徒歩10分

新しい店

和食もお茶もお酒も！ 日本食の実験ラボ

なんでも揃う唯一無二の斬新なスタイルが話題沸騰！

カフェから2軒目まで
生産者の顔が浮かぶ"あれこれ"

018 そ/s/kawahigashi

「おいしいを見つける9席のカリナリーハブ」をテーマに、デイタイムからお茶、お酒、料理と幅広く提供。幼い頃から料理に親しんできた中東篤志さん（→P.14）は、ニューヨークの精進料理店で経験を積んだあと、日本食の魅力を発信してきた。特筆すべきは中東さんの止むことのない探求心。いまや店の看板となった「塩むすび」に使う米は、稲だけでなくなんと田んぼまで指定。食材、産地、生産者にまでとことんこだわった至極の逸品は、思わず笑みがこぼれるおいしさだ。

28

（神宮丸太町）
そ かわひがし
☎075-748-1715
〈予約可〉 💺13席

京都市左京区丸太町通川端東入ル東丸太町18-5／12:00〜14:00、16:00〜23:00／不定休／京阪神宮丸太町駅4番出口から徒歩3分

1. 前菜盛り合わせ9品1800円。味噌を使うプルドポークなど **2.** 研究熱心な中東さん **3.** 塩むすび2個700円、日本茶1000円〜（菓子付き） **4.** 湯葉メンチ980円

新しい店

京のおばんざいを味わえる店が増加中

一人でも気軽に入れて、おばんざいの種類も豊富な店が増えています

健康志向の女性の間で話題のおばんざい店 1.

1. おばんざいは1種450円〜。しっかり味わえるボリュームもうれしい 2. 繁華街にある風情たっぷりの京町家 3. 好みのおばんざいをセンス良く盛り付けてくれる

（河原町）

☎075-252-6555 〈予約可〉　🪑50席

京都市中京区南車屋町282-2／17:00〜翌1:00／不定休／市バス河原町三条から徒歩4分

019
おばんざい こはく

日本酒大好きなスタッフとオーガニック料理ソムリエの料理長が手掛ける。京野菜を中心とした旬の野菜で作った種類豊富なおばんざいが並ぶ。自家製野菜シロップを使用した野菜サワーなどと一緒にどうぞ。

ランチの藤定食（小鉢5品）1500円

ご飯がすすむ
小鉢のおばんざい
020
伊集院

風情ある花街・宮川町で、朝＆昼のみ営業している和食店。家庭的な味わいのおばんざいが中心で、朝も昼も定食は小鉢の数が選べる。

〈祇園〉
いじゅういん

☎075-525-2226〈予約可〉 🪑7席
京都市東山区西御門町458-102／8:00〜10:30、11:30〜15:00／火曜休（祝日の場合は翌日）／京阪清水五条駅から徒歩4分

＼朝からモリモリ！／

カウンター席で一人でも利用しやすい雰囲気

おばんざいを一口ずつ楽しめる雅ご膳 1650円

12種類のおばんざいを
一口ずつ味わう
021
京菜味のむら 錦店

「京都」「野菜」「健康」をコンセプトに、ランチタイムからおばんざいを手軽に味わえる。ショーケースに並んだ小鉢から自由に選べるメニューも。

〈河原町〉
きょうさいみ
のむら にしきてん

☎075-252-0831〈予約可〉 🪑30席
京都市中京区桝屋町513／9:00〜19:00／無休／市バス四条高倉から徒歩4分

新しい店

＼レトロかわいい／

大正ロマンがテーマの店内。のんびり寛げる座敷席もある

31

オールマイティに使える オーストラリアンカフェ

ランチから深夜まで一日中使える、便利でおしゃれな個性派ダイニング

1.

オーストラリアンスタイルの カフェダイニング＆レストラン

2.

\ コーヒーも人気！／

1. 食用花をあしらった華やかなクラブミートスクランブルエッグ 1280円 **2.** スタイリッシュな店内 **3.** オリジナルグッズも販売 **4.** エスプレッソメニューも用意 **5.** カフェラテ 480円 など

022 MOON & BACK

オーストラリアで修業したシェフとシドニーの人気カフェオーナーが営む。さまざまな文化が共存しているオーストラリアならではの、固定概念にとらわれない自由な発想の料理を提供する。見た目の鮮やかさはもちろん、素材の組み合わせによる複雑な味わいも格別だ。ランチはアラカルト、夜はコース料理がいただけるほか、通し営業なので、カフェタイムや二軒目にも使いやすい。ニュージーランド発祥の豆会社の豆を使ったコーヒーなど、オーストラリアのカフェ文化も楽しめる。

新しい店

[河原町] ムーン アンド バック
☎075-744-0080〈予約可〉 20席
京都市中京区高宮町585／11:30〜24:00／不定休／
阪急京都河原町駅12番出口から徒歩3分

33

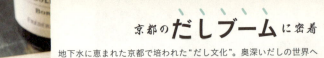
京都の だしブームに密着
地下水に恵まれた京都で培われた"だし文化"。奥深いだしの世界へ

テーブルはワインとおだし複数のおだしから選択

1. シンプルゆえに奥深いだしの世界を堪能　2. 基本のだしは鰹節とこぶベースを合わせている。だし巻きは660円〜　3. 鱧880円〜。日本酒に合う味のだしもそろう

〈四条烏丸〉
ラクイイッカイ

☎075-606-5112〈要予約〉 🪑10席

京都市下京区白楽天町502 福井ビル1F／14:00〜21:00(LO)／日曜休／阪急烏丸駅2番出口から徒歩4分

023
ラクイイッカイ

フレンチ、イタリアン出身のシェフがだしとワインに合う料理を展開。和風、トンコツ、フレンチなど日によって変わるさまざまなだしと、豆腐やキス、生麩などの食材を選んで好みの味でいただこう。

34

「うま味さん」を合わせたうま味さん粥550円
※2020年7月現在提供休止中

調味料専門店で味わう
やさしい味わいのお粥

024

京都祇園 侘家古暦堂
うま味さん

2020年4月にオープンした無添加うま味調味料専門店。昆布、カツオ、マグロを粉末にしたうまみ調味料や薬味を販売するほか、イートインも。

＼ 店内にズラリ！ ／

かわいいパッケージの商品ばかりで、気軽なお土産にぴったり

（祇園）
きょうとぎおん
わびやこれきどう
うまみさん

☎075-533-8670〈予約不可（物販のみ予約可）〉 🪑8席
京都市東山区祇園町南側570-123／11:00〜14:30（LO）（販売は10:00〜18:00）／水曜休／京阪祇園四条駅6番出口から徒歩4分

名物の貝そば850円。飲んだ後の〆にも好適

開放的な屋台で
味わい深い一杯を

025

屋台優光

あさりだしの旨みたっぷりの貝そばをはじめ、素材を生かしたこだわりのラーメンがそろう。高瀬川を望む開放感抜群のテラス席も話題。

＼ 気持ちいい♪ ／

目の前に高瀬川が流れる最高のロケーション。一品や餃子などでサク飲みもOK

新しい店

（木屋町） やたいゆうこう
☎075-744-1159〈予約可〉 🪑16席
京都市下京区四条西木屋町下ル船頭町237-5／11:30〜15:00、17:30〜24:00（金・土曜は〜翌2:00）／木曜休（ほか不定休あり）／阪急京都河原町駅1B出口からすぐ

二寧坂に現れたラグジュアリーホテルで贅沢な時間を

2019年に清水寺そばにオープンした外資系ホテルから目が離せない!

豪華な客室や、珠玉のグルメを堪能できるレストランで注目を集めるハイランクホテル。ビストロカフェや鉄板焼き、日本食のほか、ラウンジやバーが入り、ホテルの中だけで、京都の味を丸ごと堪能できる。敏腕シェフによる繊細な味付けはもちろん、京都の街並みを一望できるロケーションが料理に深みを加える。

026
パーク ハイアット 京都

古都の美景をひとり占め
京都の粋が織りなす贅沢空間

4階のバー、琥珀の営業時間は17:00～24:00（LO）でカウンター9席、ソファ4席

新しい店

（清水寺）パーク ハイアット きょうと
☎075-531-1234〈予約可〉
🍴レストランにより異なる

京都市東山区高台寺桝屋町360／営業時間はレストランにより異なる／無休／市バス東山安井から徒歩6分

観光の拠点としても便利な東山に位置する

身体にやさしい ヴィーガンなラーメン

おいしいだけじゃない、ラーメン激戦区・京都の最新ラーメン事情

ここはレストラン！？
唯一無二のラーメン小会席

027
Le sel

八坂の塔の近くに立つラーメン店で、東京の一つ星レストラン「クローニー」が手がける。メニューは、前菜・ラーメン・デザートで構成される2500円の小会席のみ。プリフィクススタイルで、3種から選べるラーメンをはじめ、すべてのメニューをヴィーガンに対応している。

ラーメン店とは思えない
ゆったりとした贅沢な空
間。注文は券売機という
ギャップもたまらない

（清水寺） ルセル

☎075-748-1467〈予約可〉 🪑10席

京都市東山区清水4-148-6／11:00〜17:00／水曜休／
市バス清水道から徒歩2分

アートな空間で
新たな美味への没入感体験を

028 Vegan Ramen UZU KYOTO

「チームラボ」の作品が存在感を放つ、スタイリッシュな空間が印象的。看板メニューは大きなトマトがのったヴィーガンラーメン醤油1200円。契約農家から直送される野菜や北海道産の小麦など、こだわり抜いた素材が使われ、ヴィーガン餃子などの一品料理も揃う。

薄暗い店内には大テーブルが一つあるのみ。「チームラボ」の圧倒的な世界観が心に響く

(京都市役所前) ヴィーガン ラーメン ウズ キョウト
☎080-7603-6106〈予約不可〉 🪑16席

京都市中京区梅之木町146／11:30〜14:30、18:00〜22:00／
月〜水曜休／地下鉄京都市役所前駅11番出口から徒歩6分

新しい店

SNS映えバツグンの アートなトースト

女性を中心に人気を集める映えトースト。かわいすぎて食べられない!?

3Dのトーストで
贅沢な朝時間

フルーツトースト1300円〜。まるでトーストがキャンバスのよう

（京都駅）
カフェ アットモス
☎070-1847-8818
〈予約不可〉
🍴10席

京都市東山区下馬町490／9:00〜16:30／不定休／市バス馬町から徒歩4分

029
CAFE attmos.

祇園の和食割烹がプロデュースするカフェ。バラに見立てた旬のフルーツをレイアウトした立体的なオープントーストがSNSで話題を集めている。クリームチーズとフルーツのコントラストが見事。

おしゃれ女子集まる
スタイリッシュカフェ

空をイメージしたスカイバオブスオントースト850円と、スカイレモネード700円

030

LITT UP. KYOTO 七条本店

写真に撮らずにはいられないメニューが多数。幻想的なクリームチーズトーストや色が変わるレモネードなど、かわいいメニューに胸が躍る。

(京都駅)
リットアップキョウトしちじょうほんてん

☎050-1063-6661　🪑15席

京都市東山区本町6-14 2F／10:00〜18:00（変更の可能性あり）／無休／京阪七条駅2番出口から徒歩5分

031

喫茶 ゾウ

愛知県の喫茶店が手がけるカフェ。味噌を使ったフードのほか、クリームソーダ（クッキー付）726円や、あんバタートーストなども揃う。

(京都御苑)
きっさ ゾウ

☎075-406-0245〈予約不可〉
🪑18席

京都市上京区中立売室町西入ル三丁目440-3／9:00〜LO17:00／不定休／地下鉄今出川駅6番出口から徒歩12分

新しい店

レトロな喫茶店の懐かしメニュー

厚切りパンのあんバタートースト495円。＋88円でキュートなぞうクッキーをオン！

唯一無二な空間で 自家焙煎コーヒー

京都の"コーヒー戦国時代"に台頭する自家焙煎豆を使ったコーヒー店

1坪のスタンドで
自家焙煎コーヒー

032
MAMEBACO

元田中の珈琲焙煎所「旅の音」の新展開。一見たばこ屋さんのような佇まいの約1坪のコーヒースタンドで、最高品質のスペシャルティコーヒーを提供するほか、豆の販売も行う。

店頭で販売されるコーヒー豆「豆箱」は1230円〜

丸太町　マメバコ
☎075-703-0770（焙煎所直通）
〈予約不可〉　日なし
京都市上京区春日町435アオキビル1F／12:00〜18:00／月曜休／地下鉄丸太町駅2番出口から徒歩すぐ

コーヒー 550円〜

焼きたてパンに
合うコーヒー

033
RUFF

町家をモダンに改装したベーカリー＆カフェ。自家焙煎コーヒーはもちろん、種類豊富な焼きたてパンやスイーツ、本格的な洋食メニューまで楽しめる万能な一軒。

カフェ利用はもちろん、パンの購入だけでもOK

四条　ルフ
☎075-746-2883〈予約不可〉　日45席
京都市中京区高倉通錦小路上ル貝屋町564／11:00〜18:00／不定休／地下鉄四条駅16番出口から徒歩3分

アイスカフェラテ 600円

琥珀色でフルーティー
衝撃の浅煎りコーヒー

034

alt.coffee roasters

生産者の賃金に配慮したスペシャルティコーヒーを使用した、こだわりの一杯を提供。独自の焙煎方法で生み出した、時間が経っても香味が続く浅煎りコーヒーを楽しもう。

＼ コーヒーペアリング1680円 ／

オーストラリアでコーヒーを学んだ店主の中村さん

〔 二条城 〕
オルトコーヒーロースターズ
☎なし〈予約不可〉　🪑7席

京都市中京区神泉苑町28-4／
10:00〜17:00（LO16:45）／
不定休／市バス神泉苑から徒歩2分

真っ白な空間で
こだわりの一杯

035

walden woods kyoto

幻想的な雰囲気に包まれた真っ白な店内で味わえるのは、煎り具合の異なるブレンド2種、シーズンごとに変わる浅煎りのシングルオリジン1種など数種類のコーヒー。

店にロースターを完備し、煎きたての豆で提供

＼ ラテ500円 ／

〔 五条 〕　**ウォールデン ウッズ キョウト**
☎075-344-9009〈予約不可〉　🪑35席

京都市下京区花屋町富小路西入ル栄町
508-1／9:00〜19:00／不定休／地下鉄
五条駅5番出口から徒歩8分

新しい店

食べるのがもったいない！美しすぎるパフェ

宝石のような見目麗しい極上のパフェは見ても食べてもうっとり♪

コースで味わうパフェは
ライブ感もお楽しみ！

036 CHÉRIE MAISON DU BISCUIT

菓子研究家の小林かなえさんによる完全予約制のデザートサロン。メニューは、飲み物、焼菓子、パフェなどが登場するデセールコースのみ。旬の素材を贅沢に楽しめる内容はもちろん、オープンキッチンで仕上げられるライブ感もたまらない。

デセールコース3780円のメニューは季節替わり。目の前でパフェが盛り付けられる

御所南　シェリー メゾン ド ビスキュイ

☎075-744-1299〈要予約〉　7席

京都市中京区福屋町733-2／12:30〜商品売れ次第終了／日〜火曜休、不定休あり／地下鉄丸太町駅から徒歩5分

44

フルーツのおいしさ最大限に旨みがギュッと詰まった一品

\ いただきます♡ /

1. ライブ感のあるカウンター席 2. デザート・プレート 1500円 3. モンブランパフェ 1800円（冬季限定）

037 北野ラボ

果実本来の力を追求し、全国から集めた果実でコンフィチュールやシロップを製造するショップ。併設するラボのようなカフェでは、新鮮な果物とコンフィチュールやシロップを組み合わせた芸術的なパフェを提供する。美しいドリンクやパフェは、カウンター越しのパティシエが目の前で作ってくれるので、出来上がる様子を楽しめるのも人気のひみつ。スイーツを満喫したあとは、壁を彩るカラフルなコンフィチュールの中からお気に入りをお土産に。

（北野天満宮） きたのラボ
☎075-496-8777〈予約可〉 🪑20席

京都市上京区御前通一条上ル馬喰町914／12:00〜17:30(LO)／月曜休／市バス北野天満宮前から徒歩1分

新しい店

45

果実味豊かな フルーツスイーツ3選

フルーツのみずみずしさを感じられるフルーツスイーツの世界へ

驚きの淡い口どけ
果実感あふれるかき氷

人気はふわふわの氷に濃厚ないちご蜜をたっぷりかけた、生いちご1000円

(京都駅) かのこ

☎075-708-7150〈予約不可〉 25席

京都市下京区朱雀正会町1-1 KYOCA会館211／11:00〜17:00（LO）／不定休／JR梅小路京都西駅から徒歩3分

038
鹿の子

京都市中央卸売市場に併設するKYOCA会館にあるかき氷店。注文を受けてから作るフルーツ蜜は、シロップとフルーツのみという至極シンプルなレシピ。フルーツを食べているようなみずみずしさ！

フルーツサンド各374円。中にはこだわりのクリームともちもちの求肥が入っている。スムージー各748円〜

旬のフルーツの一口サンド

039

ROCCA & FRIENDS PAPIER KYOTO

細い路地にある町家で提供するのは、フレッシュな季節の果物を使ったかわいいフルーツサンドとスムージー。カラフルな断面の美しさや、キュートな器に思わずうっとり。

（四条烏丸） ロッカ アンド フレンズ パピエ キョウト

☎075-744-6688〈予約不可〉 🪑11席

京都市下京区新釜座町735-2／11:00〜18:00／月曜休／地下鉄四条駅25番出口から徒歩5分

果物農家による贅沢すぎるパフェ

040

観音山 フルーツパーラー 京都店

和歌山県の果物農家によるフルーツパーラーが京都進出。旬のフルーツがごろごろ入ったパフェのほか、フルーツサンドもスタンバイ。

（烏丸） かんのんやまフルーツパーラーきょうとてん

☎075-708-6265〈予約不可〉 🪑20席

京都市京都市下京区東前町405／11:00〜17:00／月曜、火曜休／地下鉄四条駅5番出口から徒歩4分

和歌山県産旬フルーツの農園パフェ1760円。一番人気の通年メニューだが、果物は季節により変更

新しい店

一級名の美しさ！ 話題のパティスリー

いよいよ新時代突入、芸術品のように美しいケーキがトレンドです

041
ingrédient kyoto

2020年4月オープンのパティスリー。シェフはフランスの三ツ星レストラン「ジョエル・ロブション」の部門シェフパティシエを務めた実力派とあり、早くも話題に。早い時間から行列ができることも多く、人気商品はすぐに完売することも。スタイリッシュな店内のショーケースには、伝統的なフランス菓子だけでなく、柚子やほうじ茶といった和の素材を取り入れた美しいケーキもずらり。フィナンシェやサブレなど、手土産に最適な焼菓子もおすすめだ。

**実力派シェフが手掛ける
日本人好みのフランス菓子**

ショコラムースにフランボワーズがアクセントのショコラフリュイルージュ 650円（右）

聖護院　アングレディアン キョウト
☎075-746-2335〈予約不可〉 休なし
京都市左京区聖護院西町19／12:00～18:00／
月曜休、ほか不定休あり／市バス京大病院前から徒歩4分

\ 食べていいの!? /

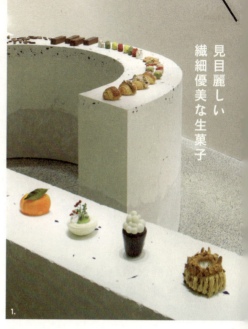

1. ケーキの質感なども伝わるよう、ショーケースに入れずに展示 2. rau 黄 1458円 3. bin 赤 1458円

見目麗しい繊細優美な生菓子

042 RAU

　四条河原町に誕生した複合施設「GOOD NATURES STATION」に入るパティスリー。白を基調としたギャラリーのような店内に並ぶのは、独創的なデザインの生菓子や焼き菓子、ショコラなど。洗練されたデザインの生菓子はどれも、現代アート作品を思わせるようなインパクト。見た目もさることながら、食感と香りのアクセントが効いた味わいも見事だ。3階にあるカフェでは、こだわりのドリンクとともにこれらの生菓子を堪能できる。

新しい店

(河原町) ラウ
☎075-352-3712 (代) 〈予約不可〉 🚭なし
京都市下京区河原町通四条下ル2丁目稲荷町318番6 GOOD NATURE STATION 1F ／11:00〜20:00(※営業短縮中)／不定休
阪急京都河原町駅4番出口からすぐ

49

想いが込められた こだわりのベイク

ひとつひとつ丁寧に作られたベイク。やさしい味わいに心が温かくなる

文学的な詩たちを
焼き菓子にのせて

043

Nowhereman

焼き菓子を通して、店主自作の詩の世界観を表現。ガトーバスクを中心に、タルトや日曜日限定のバターサンドなど、小麦やバターなど素材の味が生きたシンプルな焼き菓子が並ぶ。

ガトーバスク500円、レモンとパイナップルのタルト500円など。タルトは季節のフルーツを使用

人気のバターサンドです

ラム酒の効いたNサンド330円

（四条） ノーウェアマン
なし 〈予約不可〉 なし

京都市下京区葛籠屋町507-2／12:00～19:00／月・火曜休、ほか不定休あり／地下鉄四条駅5番出口から徒歩7分

50

風味と食感を生かした
シンプルなデザート

044
歩粉

数々のレシピ本を出している菓子職人・磯谷仁美さんが手掛ける。国産素材を使用した滋味豊かなデザートをフルセットで提供。丁寧に淹れられたお茶と一緒にゆったり味わいたい。

デザートフルセット2860円。スコーンなどのベイクのほか、豆乳くずもちやケーキなども。コーヒーかティー付き

(紫野) ほこ
☎075-495-7305〈予約可〉 14席
京都市北区紫野西南町18／10:00〜18:00（LO17:00）※詳細はインスタグラムを要確認／月〜水曜休／市バス紫野上野町から徒歩4分

\ 焼き菓子は販売も♪ /

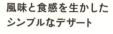

フルセットは2皿に分けて提供される

南欧ポルトガルの
素朴なスイーツ

045
カステラ ド パウロ

元造り酒屋の蔵をリノベーション。ポルトガルのカステラの原型といわれるパォンデローは、ふんわりとした食感と素朴でやさしい甘さが魅力。子どもから大人まで愛される味わい。

かわいくリノベーションされた建物にも注目。1階が販売とカフェ、2階がカフェで、購入だけでももちろんOK

(北野天満宮)
☎075-748-0505〈予約可〉 20席
京都市上京区御前通今小路上ル馬喰町897蔵A／9:30〜18:00、喫茶は〜17:00／水曜、第3木曜休／市バス北野天満宮前からすぐ

新しい店

\ いろいろ楽しもう /

4種類が楽しめる食文化体験プレート720円

社寺カフェの勢いが止まらない！

隣接の店だけでなく、境内にある店も。流れる独特の空気も魅力

世界遺産で味わう
挽きたてコーヒー

046
神山湧水珈琲｜煎

上賀茂神社の境内にあるお休み処。境内を流れる神山湧水を使用し、注文後に豆を挽いて淹れるコーヒーを提供。緑に囲まれた静かな空間が、ひと時日常を忘れさせてくれそう。

神社にお参りした後に立ち寄ろう

(上賀茂神社) こうやまゆうすいこーひー せん
☎075-781-0011（上賀茂神社）〈予約不可〉
🪑なし
京都市北区上賀茂本山339上賀茂神社内／
10:00〜16:00／無休／
市バス上賀茂神社前から徒歩3分

珈琲 400円

稲荷パフェ 1300円

美しい庭園とともに
とっておきの甘味を

047
稲荷茶寮

伏見稲荷大社の休憩処「啼鳥菴」に設けられたカフェで、老舗茶舗「椿堂」が手掛ける。数寄屋造りの店内からは美しい庭園を眺めながら、抹茶スイーツをいただける。

天気のよい日はテラス席でゆっくりひと休みするのもすてき

(伏見稲荷大社) いなりさりょう
☎075-286-3631〈予約不可〉
🪑テーブル15席、テラス15席
京都市伏見区深草藪之内町68／
11:00〜15:30(LO)（土・日曜、祝日は10:00〜）／
水曜休／JR稲荷駅から徒歩5分

日暮れ時には、夕焼けに輝く五重塔も見える

東山の高台から
五重塔をひとり占め

048

SLOW JET COFFEE 高台寺

東山の街並みを一望できる高台寺の境内にあるコーヒーショップで、自家焙煎のオリジナルコーヒーや季節のプレミアムパフェなどのスイーツ、軽食もいただける。テラスからの美しい眺めも堪能したい。

（高台寺）スロージェットコーヒー こうだいじ
☎075-533-7480〈予約可〉 88席
京都市東山区高台寺下河原町526 高台寺境内／9:00～17:30(LO)※季節により変動あり／無休／市バス東山安井から徒歩5分

季節のプレミアムパフェ（抹茶）1200円

目の前でお茶を点てる様子を見られる

厳選茶葉の抹茶ラテ
2坪の小さなスタンド

049

八十八良葉舎

車折神社のすぐそばに佇む抹茶スタンド。農園まで直接足を運びセレクトしたという茶葉を使った抹茶ラテを提供する。茶葉の種類による味わいの違いを実感できると話題だ。

新しい店

抹茶ラテ 550円～

（車折神社）はとやりょうようしゃ
☎075-881-1881
〈予約不可〉 2席
京都市右京区嵯峨朝日町22-66／10:00～18:00／不定休／嵐電車折神社駅からすぐ

― あの名作に登場する京都グルメ　Vol.1 ドラマ編 ―

五郎の胃袋を満たした
特別な土鍋ごはん

原作・久住昌之　作画・谷口ジロー
ドラマ・テレビ東京系
『孤独のグルメ』
×
梨門邸の"ぐじ土鍋ご飯"

『孤独のグルメ Season8』
好評発売中

Blu-ray & DVD BOX
発売元：テレビ東京／販売元：ポニーキャニオン
©2019久住昌之・谷口ジロー・fusosha／テレビ東京

2012

年にテレビドラマがスタート。主人公の井之頭五郎の食事シーンをシンプルかつ実においしそうに描いたグルメドラマで、これまでに8つのシリーズとスペシャルドラマが放送された。銀閣寺のそばに立つ炭火焼料理の「梨門邸」が登場したのは、2018年の大晦日に放送された京都・名古屋出張編だ。年末の京都出張で、五郎は偶然通りかかったこの店に立ち寄り、炭火焼きや甘鯛の土鍋ご飯を堪能。甘鯛は、京都では「ぐじ」と呼ばれる高級魚で、脂がのったやわらかい身のおいしさに五郎も感動した。店内は、コの字型のカウンターを中心とした趣ある雰囲気で、魚介や肉類、野菜などを目の前の炭火で焼き上げるスタイル。まさに「孤独」にその美味しさに集中したくなる、五感が喜ぶ一軒だ。

輸入雑貨商を営む井之頭五郎が、仕事などの合間に立ち寄った店で食事する様子を淡々と描いた作品。実在の飲食店が登場する。

銀閣寺周辺　なしもて
☎075-751-2608〈要予約〉　10席
京都市左京区浄土寺上南田町37／11:30～13:30LO、18:00～21:00LO／火曜、水曜のランチタイム、ほか不定休／市バス銀閣寺前から徒歩1分

54

朝・昼・夜、口福。

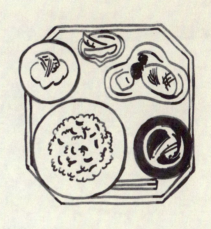

朝ごはん
昼ごはん
夜ごはん

116　74　56

051
↓
187

宇治まで足を延ばして食べたい 名店のパン

"京都"の枠を飛び越えた人気ベーカリーのパンを求めるならこちらで

常時90種類以上のパンが並び
焼きたての香りに包まれる店内

051
たま木亭

宇治・黄檗にある、全国各地からファンが訪れるパンの名店。店内で目を引くのは、バラエティ豊かなパンがうず高く積まれたアーチ型の棚。定番の食パンやバゲット、大ぶりの具材が詰まった総菜パン、フルーツやクリームが華やかにトッピングされた菓子パンなど、表情豊かなパンが常時90種類以上が並ぶ。

生地のコントロールから成形、焼きまで一切妥協しないパンがズラリ

朝ごはん

(宇治) たまきてい

☎0774-38-1801〈予約不可※食パンは予約可〉

宇治市五ヶ庄平野57-14／7:00〜18:45／月・火・水曜休／JR黄檗駅から徒歩2分

土日は200本以上も売れるというバゲット。行列覚悟で訪れたい

朝イチがおいしい！ 早起き麺のススメ

早朝から営業している店で自慢の麺を朝ごはんに！

製麺所の中で味わう
できたてのうどん

052 京 聖護院 早起亭うどん

大正12年創業の製麺所に併設されたカジュアルなイートインコーナー。うどん、そば、中華麺など幅広いメニューが揃い、麺、だし共に京都の軟水を使って仕込んでいる。定番人気のおかあちゃんのうどん400円は、ふんわりと柔らかい京うどんの麺をふっくらと卵とじにしたもの。店主が子供の頃に作ってもらったという思い出の味がベースだ。このほか、カレーうどん、鍋焼きうどん、にしんそば、中華そばも好評。窓口で注文と支払いをするセルフスタイル。

(聖護院) きょう しょうごいん はやおきていうどん
☎050-5593-6848〈予約不可〉 🪑12席
京都市左京区聖護院蓮華蔵町9 谷口製麺所脇／4:00〜13:00／水曜休／市バス東山二条から徒歩5分

58

独特の醤油スープが
クセになる老舗の一杯

053 新福菜館 本店

　創業約80年の中華そば専門店。看板メニューの中華そば（並）700円は、一度見たら忘れられない漆黒のスープが特徴だ。豚骨と鶏ガラでとっただしに肉の旨みがしみた醤油ダレを加え、見た目からは意外なほどにあっさりとした味わい。程よい弾力のあるストレート麺との相性が抜群で、チャーシューや九条ねぎといった脇役たちとのバランスも絶妙。朝からでもペろりといただけること請け合いだ。同じく醤油ダレを使った香ばしいヤキメシもおすすめ。

京都駅　しんぷくさいかん ほんてん
☎075-371-7648〈予約不可〉　51席
京都市下京区東塩小路向畑町569／9:00〜22:00／水曜休／JR京都駅中央口から徒歩5分

野菜たっぷり！カラダが喜ぶ和朝食

朝からしっかりと食べたいときに嬉しい朝食自慢の2軒

圧巻のボリューム！
和食店の豪華朝食

054 旬菜 いまり

おばんざいや季節の料理が味わえる、京町家をリノベートした和食店。京の朝ごはん1500円は、味のよさと品数の豊富さが地元客にも大好評。予約時間に合わせて炊き始める京丹波産コシヒカリの土鍋ご飯、旬の食材を使ったおばんざい2品、ふっくらジューシーなだし巻き、西京焼など、朝から贅沢なラインナップだ。漬物やサラダのドレッシングもすべて自家製で、栄養バランスも抜群。しっかりと味わうために、お腹を空かせて訪ねたい。要予約。

四条烏丸　しゅんさい いまり
☎075-231-1354〈要予約〉　26席
京都市中京区六角通新町西入ル西六角町108／7:30〜11:00(LO10:00)、17:30〜23:00(LO22:00)／火曜休／地下鉄烏丸御池駅から徒歩6分

えりぬきの食材で作る
コース形式の朝食を

055 朝食 喜心

建仁寺近くの路地にある朝食処。喜心の朝食2750円は一飯一汁スタイル。品数を絞り込み、その分素材の吟味と調理に手間を惜しまずに提供する。土鍋ご飯は炊き上がってすぐの「にえばな」から数段階に分けて少しずつ供されるので、食感と味の移り変わりを楽しめる。最初に出される汲み上げ湯葉、老舗の京白味噌を使った豚汁など3種類から選べる具だくさんの汁物、丸干しがご飯のお供だ。最終13時半開始まで1時間半ずつの5部制。予約が望ましい。

（祇園） ちょうしょく きしん
☎075-525-8500 〈予約可〉 10席
京都市東山区小松町555／7:30～14:50 (LO13:30)／月曜休（祝日の場合は営業）／京阪祇園四条駅6番出口から徒歩5分

優雅な ピエール・エルメ・パリの朝ごはん

鴨川を望むラグジュアリーな空間で至福のひと時

世界的パティスリーの
リッチなクロワッサン

056
ザ・リッツ・カールトン京都
ザ・ロビーラウンジ

朝食で人気のコンチネンタルブレックファースト3542円(税サ込)は、「パティスリー界のピカソ」と称されるピエール・エルメ氏が監修。バターをふんだんに使ったクロワッサンや、フランボワーズやバラの香りが心地よいクロワッサン イスパハンなどを楽しめる。

＼ サクサク食感！ ／

テーブルまで持ってきてくれるピエール・エルメ・パリセレクションのパンより、3種類をセレクトできる

(鴨川二条)

ザ・リッツ・カールトンきょうと
ザ・ロビーラウンジ

☎075-746-5522〈予約可〉 🪑64席

京都市中京区鴨川二条大橋畔／8:00〜20:30(LO) ※朝食は〜LO10:30／無休／地下鉄京都市役所前駅2番出口から徒歩3分

※朝食は2020年7月現在休業中。メニューや営業時間は変更の可能性あり(要問合せ)

朝ごはん

絶対食べたい 京名物コッペパン

パンの街・京都で見逃せない、個性派の朝ごパン大集合!

シンプルながら大人気のハムロール 170円

角切りのハムを揚げたカツロール 220円

十勝産小豆の自家製餡を挟むあんぱん 150円

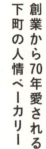

創業から70年愛される下町の人情ベーカリー

057 まるき製パン所

松原京極商店街に店を構えて70年以上。昔ながらの対面販売カウンターで老若男女が楽しそうにパンを選ぶ姿が一日中途切れない。名物のコッペパン(ロールパン)はふっかりと柔らかな歯ごたえとやさしい味わいが特徴。フィリングはお惣菜系、スイーツ系合わせて約15種類揃い、店頭で売り切れでも材料があれば奥の厨房で作ってもらえる。早朝からオープンしているので、通勤前に立ち寄る常連も。大量購入の場合は事前に電話で注文しておくのがベターだ。

【四条大宮】 まるきせいパンしょ
☎075-821-9683 〈予約可〉 🪑なし
京都市下京区松原通堀川西入ル／6:30〜20:00(日曜、祝日は7:00〜14:00)／無休／市バス大宮松原から徒歩3分

パンにみっちり詰まる たっぷりのフィリング

意外とあっさりな粒あん生クリーム 237円

チーズが香ばしいホットドッグ 432円

具だくさんの焼きそばパン 216円

〈四条烏丸〉
ル・プチメック オマケ

☎075-255-1187〈予約可〉 🈁なし
京都市中京区池須町418-1 キョーワビル1F／9:00〜18:00／不定休／阪急烏丸駅22番出口から徒歩8分

058
Le Petit Mec OMAKE

人気ベーカリー「ル・プチメック」のセントラルキッチンに併設。クラシカルかつ、素材使いや味付けにプチメックらしさが表れたコッペパンが揃う。

自家製にこだわった 昔ながらのコッペパン

同店で話題の焼きそばサンド 216円

揚げパンがうれしいあんきなこ 173円

ポテトサラダものったエビフライ 265円

〈西大路三条〉
てんぐどう うみの せいパンしょ

☎075-841-9883〈予約可〉 🈁なし
京都市中京区壬生中川町9／7:00〜20:00／日曜休／京福電鉄西大路三条駅から徒歩6分

059
天狗堂海野製パン所

1922（大正11）年の創業当時から、自家製にこだわってパンを提供。3代目の海野夫妻が、毎日約50種のパンを丁寧に作っている。

朝ごはん

65

おしゃれモーニングならココ！

ハイセンスな店内でこだわりが詰まった朝食をいただきます

ブルックリン発のTHE日本な朝食

060 | LORIMER 京都

NYの鮮魚店から日本の食文化を発信してきたオーナーが、一汁三菜の朝ごはんを逆輸入。メニューは一汁三菜の一種類のみで、メインは、ハーブ焼き、幽庵焼き、西京味噌焼きなど、日替わりの魚から選ぶスタイル。シンプルながら、滋味深い朝食で爽やかな朝を迎えたい。

\ 奥にはお庭も！ /

1. 魚のメインや野菜を使ったおかずをバランスよく盛り付け 2. 一汁三菜 1650円 3. 町家をモダンに改装

(五条) ロリマー きょうと
☎075-741-6439 〈予約不可（一部予約可）〉 22席
京都市下京区東洞院六条下ル橋詰町143／8:30〜13:30（LO）、土、日曜は7:30〜／水曜休／地下鉄五条駅5番出口から徒歩1分

焼きたてパンで迎える心地いい朝の時間

061 Lignum

平安神宮近くのスタイリッシュなベーカリーカフェ。店内には多彩なパンがずらりと並び、購入したパンを楽しむことができる。豊富なトッピングが魅力のトーストブレッドなど、朝食メニューも人気。明るくおしゃれな空間で焼きたてパンをお腹いっぱいほおばりたい。

\ 一日使えます！ /

1. カマンベール＆チェダーチーズのトーストブレッド 1080円 2. 窓が開放的 3. 購入のみもOK 4. のんびり過ごせそう

朝ごはん

岡崎　リグナム
☎075-771-1711〈予約可〉　30席
京都市左京区岡崎円勝寺町36-1／8:00〜18:00／月曜休（祝日の場合は翌日休）／市バス東山仁王門から徒歩3分

67

バリエ豊富な**トースト**でモーニング

思わずパシャリとしたくなる、かわいくて美味しいパンメニュー

見た目にも華やかな
名物トースト

063
COFFEE HOUSE maki

出町の地で40年以上愛され続ける喫茶店。モーニングセット680円は厚切りトーストをくりぬき、その耳を器に見立ててサラダやゆで卵をセットした見た目にもかわいらしいメニュー。深い味わいの自家焙煎ドリップコーヒーと一緒にどうぞ。

（出町柳）
コーヒー ハウス
マキ

☎075-222-2460　🪑47席

京都市上京区河原町今出川上ル青龍町211／8:30〜17:30（LO17:00）／無休／京阪出町柳駅から徒歩5分

レモンの酸味が
バタートーストに合う

062
菊しんコーヒー

清水寺にほど近い路地にある小さな喫茶店。厚切りのバタートーストに砂糖漬けのレモンをのせたレモントースト500円はここだけの味。レモンの甘酸っぱさとバターの塩気が不思議とマッチしている。自家焙煎の香り高いコーヒーと共に味わいたい。

（東山）
きくしんコーヒー

☎075-525-5322 〈予約不可〉　🪑8席

京都市東山区下弁天町61-11／8:00〜18:00／日曜休／京阪祇園四条駅6番出口から徒歩10分

68

自家製パンにのせた
チーズがとろ〜り

065
CAFE KOCSI

パン職人の店主が毎日焼き上げるパンを使ったメニューが味わえるカフェ。自家製のパンドミにホワイトソースやチーズ、ロースハムをサンドし、さらにチーズをのせて焼いたクロックマダム880円はボリュームたっぷり。半熟卵を絡めて召し上がれ。

食パンに染み込んだ
アーモンドペースト

064
喫茶 PERCH

若い夫婦が西陣で営む、昔ながら喫茶店。食パンにアーモンドペーストをしみ込ませたアーモンドトースト360円は、アーモンドの香ばしさとジャリッとした砂糖の食感がたまらないおいしさ。シックな佇まいとぬくもりのある空間も魅力。

[京都市役所前]
カフェ コチ

☎075-212-7411〈予約不可〉 32席
京都市中京区福長町123 黄瀬ビル2F／15:00〜LO22:30（金・土・日曜、祝日は12:00〜）※変更の可能性あり／木曜、第3水曜休／地下鉄京都市役所前駅8番出口から徒歩5分

[西陣]
きっさ パーチ

☎075-417-0175〈予約可平日のみ〉 15席
京都市上京区智恵光院前之町230／9:00〜19:00（フードは18:00LO、ドリンクは18:30LO）／金曜／市バス千本今出川から徒歩7分

朝ごはん

69

錦市場を味わい尽くすテッパン3傑

京の台所・錦市場はテイクアウト天国。お気に入りを見つけよう

おいしいもの百花繚乱
錦の美味に目移り必至

東西390mのアーケードに120軒余の食に関する店が並んでいる

**SNS映えばっちりな
ミニたこ**

066 櫂 -KAI-

ご飯やお酒のお供にぴったりの珍味やふりかけが揃う店。ミニサイズのたこの頭にうずらの卵が入ったたこたまご小200円、中300円、大400円は、写真を撮らずにいられない！

(錦市場)　かい
☎075-212-7829 〈予約不可〉　 なし
京都市中京区錦小路通御幸町西入ル鍛冶屋町216／10:00～18:00／不定休／阪急京都河原町駅9番出口から徒歩2分

※写真はイメージ

**うなぎ入りの
絶品だし巻き**

067 山元馬場商店

京都・滋賀でとれた川魚のお惣菜が美味。琵琶湖産のホンモロコや鮒寿司など、珍しい食材に出合える。

(錦市場)　やまもとばんばしょうてん
☎075-2211-4493 〈予約不可〉　 なし
京都市中京区錦小路通富小路東入ル東魚屋町196／8:00～17:00／水曜、夏期（5～8月）／阪急京都河原町駅9番出口から徒歩3分

**ふわふわ食感の
豆乳ドーナツ**

068 こんなもんじゃ

京とうふ藤野が手掛ける、豆乳ドーナツや豆乳ソフトクリームが人気の店。できたての生湯葉もぜひ。

(錦市場)
☎075-255-3231 〈予約不可〉　 なし
京都市中京区堺町通中魚屋町494／10:00～18:00／不定休／阪急京都河原町駅14番出口から徒歩2分

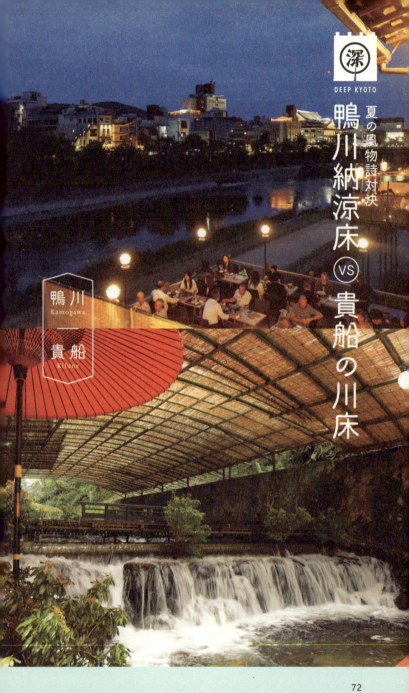

鴨川納涼床 vs 貴船の川床

夏の風物詩対決

鴨川 Kamogawa

貴船 Kifune

DEEP KYOTO

川のせせらぎとともに京の美味を楽しむ

夏の風物詩として人気を集める川床だが、京都には二つの代表的な川床がある。一つ目は、京都の川床の代名詞ともいえる鴨川納涼床。名前の通り、鴨川沿いに設けられる川床で、先斗町や木屋町通り沿いの90軒以上の店で楽しむことができる。特筆すべきは店のジャンルの多彩さ。定番の京料理のほか、中国料理やビストロ、さらにはバーやカフェなど、若い人が気軽に利用できる店も多く、初めて川床を利用する人も気負いせず楽しめる。

もう一方は、市内北部に位置する貴船の川床。街中から車で30分ほどの場所に位置する貴船は、京都随一の避暑地で、「京の奥座敷」と呼ばれる。こちらの川床は貴船川の真上に組まれるため、川のせせらぎを間近に楽しめるのが最大の特徴。川床の営業は約20軒と、規模は決して大きくないが、川床ならではの清涼感がダイレクトに味わえる。どちらの川床も期間は5〜9月。同じ「川床」でも、鴨川は「かわゆか」、貴船は「かわどこ」と読むので間違えないようにしたい。

東華菜館

70年以上続く中国料理店。大正時代の洋館を利用しており、夏期は120席を誇る川床席が登場。コースは5000円〜。

(河原町) とうかさいかん
☎075-221-1147 〈予約可〉 約200席
京都市下京区斎藤町140-2／11:30〜21:00／無休／京阪祇園四条駅3番出口から徒歩1分

京風おばんざい 京町

築100年余り、元旅館の町家は、趣のある雰囲気。京都らしさあふれるくずし懐石を楽しみたい。川床の料理7150円。

(河原町) きょうふうおばんざい きょうまち
☎075-223-2448 〈予約可〉 60席
京都市中京区梅之木町156／17:30〜22:00／日曜不定休／京阪祇園四条駅3番出口から徒歩4分

京都貴船 料理旅館 ひろ文

貴船川の上流に立つ料理旅館。夏期はアユやアマゴなどを使った納涼ランチを。川床料理は9680円（料理は要予約）。

(貴船) きょうときふね りょうりりょかんひろぶん
☎075-741-2147 〈予約可〉 50席
京都市左京区鞍馬貴船町87／11:00〜19:00／不定休／叡山電鉄鞍馬駅から徒歩21分

古今藤や

食事はもちろん、カフェとしても利用できる。そうめんとアユの塩焼きのせせらぎセット1500円（料理は予約不可）。

(貴船) ここんふじや
☎075-741-1300 〈予約可〉 30席
京都市左京区鞍馬貴船町16／11:00〜18:00(LO)／不定休／京都バス梅宮橋から徒歩5分

6代受け継がれる **名料亭の味** に陶酔

ミシュランガイドで三ツ星を獲得する名店ならではの料理

一子相伝の味と
おもてなしの精神

数多くの著名人を迎え
てきた玄関。店内のし
つらいにも注目したい

1. 名物の白味噌雑煮。コースは昼2万円(税・サ別)〜、夜3万円(税・サ別)〜など 2. 一晩寝かせてから焼いたぐじの塩焼 3.4. 歴史のある建物でゆっくりとした時間を過ごして

073 一子相伝 なかむら

文化文政（1804〜1830年）の頃に若狭の魚を運んだ初代若狭屋清兵衛にはじまり、現在で6代目。2〜3代目が御公家さんに教えてもらったという名物の白味噌雑煮は、普通の雑煮と違って、だしを使用しないのがなかむら流。店舗下から汲み上げられる水質の柔らかい地下水で白味噌を練り上げることで、焼き餅の香ばしさを引き立てるまろやかな味わいに仕上げる。こんがりと焼いたぐじの酒焼きは、最後に昆布だしをかけて、余すところなくいただこう。

昼ごはん

(烏丸御池) いっしそうでん なかむら
☎075-221-5511〈要予約〉 🪑55席
京都市中京区富小路御池下ル／12:00〜13:00（最終入店）、17:00〜19:30（最終入店）／日曜休／地下鉄京都市役所前駅4番出口から徒歩2分

もはや伝説。歴史を受け継ぐ 老舗の名物

美食の都として長い歴史をもつ京都で愛され続ける逸品

300年以上もの間、伝統の味を守る

074
いもぼう 平野家本店

店名にも冠した名物のいもぼうは、乾燥したものを1週間かけて戻した棒鱈と海老芋をこっくりと炊きあげたここだけの味。昔は海が遠い京の都で保存食として重宝された棒鱈の味を、現代に伝える貴重な料理だ。棒鱈の旨みがしみた海老芋の奥深い味はじんわりと心まで温める。

\ コレが名物！/

いもぼう御膳2750円。お吸い物や祇園とうふなどが付く。ほかにもいもぼうセットメニューが豊富

（祇園） **いもぼうひらのやほんてん**

☎075-561-1603 〈予約可〉 🪑150席

京都市東山区円山公園内知恩院南門前／10:30～20:00(LO)／無休／京阪祇園四条駅7番出口から徒歩10分

創業当初から続く
滋味豊かなとろろ汁

075 山ばな平八茶屋

天正年間創業の老舗で、現在の当主は21代目。創業以来の名物である「とろろ汁」は、江戸時代の書物にもその名を残している。丹波産のつくね芋を丁寧にすりおろし、特製のだしでのばしたとろろを麦入りのご飯にかけて味わうのが昔から変わらぬスタイルだ。

\ コレが名物！ /

麦飯とろろ膳3850円。炊き合わせや小吸い物などが付く。麦飯には麦と相性のいい朝日米を使用

(修学院) やまばなへいはちぢゃや
☎075-781-5008〈予約可〉 170席
京都市左京区山端川岸町8-1／11:30～15:00（LO13:30）、17:00～21:30（LO19:00）／水曜休、ほか不定休あり／叡山電鉄修学院駅から徒歩5分

昼ごはん

京の和食界で話題 必見！おだしライブ

目の前でだしを仕上げる。ありそうでなかった和食の真髄に迫る店

懐石料理の主役は椀物
ダシの旨みがしみ渡る

ぐじのお椀、小蕪と焼き舞茸。昼1万2100円〜、夜2万4200円〜の椀物一例

おいしさは
時間との勝負です

1.

1. ダシの仕上げをする木山さん。約80度の昆布ダシに削りたて鰹節を入れる 2. 雲丹玉じめ丼など食事は3〜4種から選べる 3. ヒバの木の一枚板のカウンター席

076 木山

若くして「京都和久傳」料理長まで務め、15年の修業を経て独立した木山さんが迎える店。開業時に良質の地下水脈が見つかったことから、料理に必要な水の大切さを再確認したという。9〜10品で構成されるコースは柔らかい白湯から始まる。先付、小吸い物、向付の後、次の椀物のダシを目の前でひき始める。鹿児島県枕崎の荒節、枯れ節、鮪節を削り、客人が削りたてを食べ比べると、いよいよ香り良き主役の旨みを味わう。和食はだしが命だと知る、醍醐味のある店へ。

昼ごはん

御所南　きやま
☎075-256-4460〈要予約〉　20席
京都市中京区絹屋町136 ヴェルドール御所1F／12:00〜15:00（LO13:30）、18:00〜22:00（LO19:30）／不定休／地下鉄丸太町駅5番出口から徒歩6分

79

SNS映えな**カラフルお寿司が大流行**

食べちゃうのがもったいないほどの美しい細工に感嘆！

077 祇をん 豆寅

石畳が京情緒を感じさせる花見小路通にある、元お茶屋を改装した豆皿料理の店。名物は豆すし膳4620円（昼限定。夜はすし膳4620円〜）。エビや鯛、壬生菜の漬物など13種類の寿司が整然と並び目移りを誘う。舞妓さんのおちょぼ口でも食べられるほどのかわいらしいサイズで、味わいや食感がバラエティーに富んでいるので最後の1つまでおいしくいただける。豆皿に盛り付けた先付や西京焼きなどの焼物、お椀、デザートがセットになっている。予約がベター。

祇園　ぎをん まめとら
☎075-532-3955〈予約可〉　78席
京都市東山区祇園町南側570-235／11:30〜14:00（LO）、17:00〜20:30（LO）／無休／京阪祇園四条駅6番出口から徒歩5分

ひと口サイズの宝石のようなすし膳

好きなネタを巻いて
自分で仕上げる寿し

078 AWOMB烏丸本店

独創性が楽しい手織り寿し
3267円は、シャリや海苔と共に刺身や季節のおばんざい約40種が寿司ネタとしてサーブされ、自分で好きなように手巻きで楽しむスタイル。いろいろと組み合わせて自分だけの味を作ることができる。アートのような盛り付けを眺めているだけでも楽しい。白みそプリンや珈琲は各660円。西木屋町や八坂にも姉妹店があり、それぞれ違ったスタイルの寿司が味わえる。いずれも予約がベター。

昼ごはん

（四条烏丸）アウームからすまほんてん
☎050-3134-3003〈予約可〉　28席
京都市中京区蛸薬師通新町東入ル姥柳町189／12:00〜17:00(LO)／無休／地下鉄四条駅22番出口から徒歩7分

2000円以下で野菜たっぷりの **おばんざい定食**

定食なら、1人でもいろんなおばんざいが食べられるのが嬉しい！

月替わりの定食　2000円

錦市場の青果店奥で野菜たっぷりの定食を

〈錦市場〉
いけまさてい

079
いけまさ亭

☎075-221-3460〈予約可〉　24席

京都市中京区錦小路柳馬場東入ル東魚屋町168／11:30〜14:00(LO)、17:30〜21:30(LO)(日・月曜は昼のみ営業)／火曜休／地下鉄四条駅13番出口から徒歩5分

（※昼のみ）

青果店(小売はなし)に併設の食事処。お昼限定の月替わり定食は、旬の野菜をふんだんに使ったおばんざいをいただける。素材の味を生かすやさしい味付けにほっこり。

九種のおばんざい御膳　1850円
※時期により価格の変更あり

ずらりと並ぶ小鉢に目移りするも楽しい

〈四条烏丸〉
いざま

080
居様 IZAMA

☎075-251-2500〈予約可※朝は不可〉　75席

京都市中京区新町通六角下ル六角町361 三井ガーデンホテル京都新町 別邸／6:30〜9:30(LO)、11:30〜13:30(LO)、17:30〜21:00(LO)／無休／地下鉄四条駅22番出口から徒歩7分

（※最大8名、ミニマムチャージあり）

ホテル内にある和食ダイニングで、ビジター利用も歓迎。食感や味わいがさまざまなおばんざい9種類を盛り込んだ昼限定の御膳が女性に大人気だ。内容は季節替わり。

82

081

naturalfood Village

ヘルシーかつおいしいヴィーガン料理をと、無農薬の野菜、豆を多用した日替わりランチなどを提供。虹色御膳は、玄米にスープ、小鉢が7種も付いて食べごたえあり。

（一乗寺） ナチュラルフード ビレッジ
☎075-712-3372〈予約可〉 27席
京都市左京区一乗寺築田町95 第一メゾン白川2F／12:00～15:00、18:00～23:00／月曜休／叡山電鉄一乗寺駅から徒歩8分

虹色御膳 1320円

**ヴィーガン料理を
気軽に味わうカフェ**

082

まつは

オシャレかつ家庭的な雰囲気の町家カフェ。和食をベースに、ひとひねり加えた料理はどれも滋味豊かで、食べるほどに心身が元気になる。一汁一菜650円も用意。

（京都市役所前）
☎075-231-7712〈予約可〉 25席※離れは予約のみ
京都市中京区晴明町671／10:00～16:30 (LO)／土・日・月曜休／地下鉄京都市役所前駅10番出口から徒歩5分

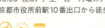

一汁三菜 900円

**手作りの味が満載の
一汁三菜セット**

休日1時間待ちは常識！ **行列のできる丼**

揚げたての天丼やとろとろ親子丼、ステーキ丼まで百花繚乱！

083 ぎおん 天ぷら 天周

祇園の真ん中にある天ぷら専門店。ふわっふわのアナゴ2本と大エビ1本を使うミックス天丼は昼限定（予約不可）。

（ 祇園 ）ぎおん てんぷら てんしゅう
☎075-541-5277〈予約可※昼は不可〉
🍴20席

京都市東山区祇園四条通縄手東入北側244／11:30～14:00、17:30～21:00／水曜休／京阪祇園四条駅7番出口から徒歩2分

ゴマ油で揚げた
香ばしく大きな天ぷら

ミックス天丼　1800円

084 はふう 本店

精肉店から始まった肉料理専門店。香ばしく焼いたステーキに、だしが効いた和風ダレやゴマを合わせた上等丼だ。

（ 御所南 ）はふう ほんてん
☎075-257-1581〈予約可※ランチは不可〉
🍴36席

京都市中京区麩屋町通夷川上ル笹屋町471-1／11:30～13:30（LO）、17:30～21:30（LO）／水曜休／地下鉄京都市役所前駅3番出口から徒歩10分

上質な牛肩ロースを
和風なステーキに

ステーキ丼　2900円

085 おかきた

厳選素材でとっただしをベースに、たっぷりと溶き卵を使ってプリッと大きな天然エビの天ぷらをとじている。

（ 岡崎 ）
☎075-771-4831〈予約不可〉　🍴36席

京都市左京区岡崎南御所町34／11:00～18:00（LO）／火・水曜休／市バス動物園前から徒歩2分

だしと卵が融合した
とろっとろ加減が絶妙

天とじ丼　1550円

086 ひさご

昆布とサバ節のだしを甘めの味付けで軽く煮込み、卵2個分でとじる。仕上げに粉山椒を振るのが京都風。

(高台寺周辺)
075-561-2109 〈予約不可〉 28席

京都市東山区下河原通八坂鳥居前下ル下河原町484／11:30〜19:00／月曜（祝日の場合は翌日休）・金曜休（祝日の場合は前日休）／市バス東山安井から徒歩3分

鶏肉と九条ネギを
ふわとろ卵でとじる

親子丼 1060円

---

087 ゆば泉 清水五条坂店

店舗の2階で作る生湯葉を、だしを効かせたあんかけに。大豆の風味と甘みと、アクセントのワサビがよく合う。

(清水寺周辺) ゆばせん きよみずごじょうざかてん
075-541-8000 〈予約可〉 26席

京都市東山区五条橋東6-583-113／11:00〜14:30（LO）※季節により変動あり／無休／京阪清水五条駅4番出口から徒歩10分

できたての湯葉を使う
アツアツのあんかけ丼

ゆばご飯 1430円

---

088 京極かねよ

備長炭で香ばしく焼き上げた鰻に秘伝のタレを絡めてご飯にオン。その上に覆いかぶさるだし巻きと共に堪能して。

(河原町) きょうごくかねよ
075-221-0669 〈予約可〉 40席

京都市中京区六角通新京極東入ル松ヶ枝町456／11:30〜20:30／不定休／市バス河原町三条から徒歩2分

ぶ厚いだし巻きが
蒲焼き丼を覆う！

きんし丼（並） 2600円

京都のうどんは、あんとだしが命どす

京都の軟水でとっただしは、そのままでもあんかけにしても最高

089 おかる

甘辛く煮たシイタケや玉子焼きなどをのせたあんかけうどんに、おろし生姜をたっぷりと。片栗粉もだしで溶くので風味が濃厚。

（祇園）
☎075-541-1001〈予約不可〉 40席

京都市東山区八坂新地富永町132／11:00～15:00、17:00～翌2:30（金・土曜は～翌3:00、日曜は昼のみ）／無休／京阪祇園四条駅7番出口から徒歩3分

たっぷりの具と麺を
ぽってりあんで

のっぺい 1080円

---

090 晦庵 河道屋 本店

丹波産の山の芋を打ち込んだ、弾力のあるそば。鴨の細切り肉とネギの味のバランスが見事。たっぷりのだしも余さず味わいたい。

（京都市役所前）みそかあん かわみちや ほんてん
☎075-221-2525〈予約可〉 70席

京都市中京区麩屋町通三条上ル下白山町295／11:00～20:00（LO19:40）／木曜休／地下鉄京都市役所前駅8番出口から徒歩2分

鴨肉の旨みがしみた
風味高いだしが絶妙

鴨なんば 1100円

---

091 京都 権太呂 本店

山海の幸を煮込んだうどんすき「権太呂なべ」が有名。だしの効いたあんに卵（けいらん）を溶き入れ、おろし生姜を添える。

（河原町）きょうと ごんたろ ほんてん
☎075-221-5810〈予約可〉 60席

京都市中京区麩屋町通四条上ル桝屋町521／11:00～21:00（LO）／水曜休（祝日の場合は営業）／地下鉄四条駅11番出口から徒歩3分

花びらが舞うような
美しいあんかけ卵

けいらんうどん 1100円

092 祇をん 萬屋

名物のねぎうどんは具のバリエも豊富。ネギは麺と絡みやすいように薄く切ってあり、だしの余熱で徐々に甘みが強くなっていく。

（祇園）ぎをん よろずや
☎075-551-3409〈予約不可〉14席
京都市東山区花見小路四条下ル二筋目西入ル小松町555-1／12:00〜19:00（日曜・祝日は〜16:00）
※15時〜17時30分は仕込みで閉店／不定休／京阪祇園四条駅6番出口から徒歩3分

契約農家の九条ネギを
惜しみなく使う

ねぎうどん 1400円

---

093 日の出うどん

だしの風味とカレー味が見事にマッチ。辛さは4段階から、麺はそばや中華麺も選べる。具は牛肉や九条ネギ、お揚げと京都らしい。

（南禅寺周辺）ひのでうどん
☎075-751-9251〈予約不可〉20席
京都市左京区南禅寺北ノ坊町36／11:00〜15:00／日曜休、月曜不定休あり／市バス宮ノ前町から徒歩2分

麺と辛さが選べる
名物カレーうどん

特カレーうどん 1050円

---

094 総本家にしんそば 松葉本店

にしんそば発祥の店。追い足しの煮汁でしっかりと煮含めた甘辛いニシンは麺に覆われ、だしの余熱で温まってふっくら食感に。

（祇園）そうほんけにしんそば まつばほんてん
☎075-561-1451〈予約不可〉130席
京都市東山区川端町192 南座西隣／10:30〜21:30／水曜休／京阪祇園四条駅6番出口から徒歩1分

元祖のにしんそばは
麺の下に具が潜む

にしんそば 1430円

昼ごはん

既成概念を覆す カウンター懐石

和と洋を融合させた独自のスタイルに驚きの連続！

楽しい仕掛けに満ちた
心弾むコース料理

名物のお造りパフェ
(手前)の盛り付けは
アーティスティック！

料理が映える朱塗りの
カウンター。店舗のデ
ザインは木嶋徹氏

1. 昼のおまかせ6000円からお椀。対馬産ぐじなど旬の具材と共にだしを堪能したい 2. 焼き物。この日は身の引き締まった一本釣りサワラの西京焼き

095 白川たむら

通称・骨董通こと祇園は新門前の路地に佇む隠れ家的な日本料理店。店主の田村尚重さんは、和食店のみならず、大阪にあるモダンスパニッシュの名店「Fujiya1935」でも研鑽を積んだ後に自店を開いた。伝統的な日本料理を基礎にして、盛り付けや食材使いに西洋料理の粋もちりばめたコース料理はとても独創的。前菜にフィンガーフードを用意したり、お造りをパフェ仕立てにしたりという遊び心が新鮮だ。コースは昼夜ともに月替わりのおまかせのみ。

祇園 しらかわたむら
☎075-533-8805 〈要予約〉 31席
京都市東山区祇園新門前通花見小路東入ル一筋目上ル／12:00〜13:30(LO)、18:00〜20:00(LO)／不定休／京阪祇園四条駅9番出口から徒歩6分

昼ごはん

昼ならお得！ 正統派のお値打ち懐石

端正な京料理がリーズナブルに楽しめるランチに注目

目の前で仕上げられる
旬の味覚にうっとり

2.　1.

096 じき宮ざわ

カウンター10席のみの店内は洗練された雰囲気。料理長の丁寧な仕事ぶりを見ながら料理を味わえるのが贅沢だ。全6品3780円の昼コースは、焼き胡麻豆腐、炊きたてを3段階に分けて提供し味わいの変化を楽しませるご飯などの名物と、季節の食材を組み合わせる。

\ 器使いも素敵！ /

1. クリーミーで濃厚な焼き胡麻豆腐 **2.** 滋味深いだしに感嘆必至の椀物

四条烏丸　じきみやざわ

☎075-213-1326〈要予約〉　10席

京都市中京区堺町四条上ル東側八百屋町553-1／12:00～13:45(最終入店)、18:00～20:00(最終入店)／木曜・第1木曜休／阪急烏丸駅14番出口からすぐ

90

京に生まれ育った
店主の雅な京料理

2. 1.

097 祇園にしかわ

下河原通の路地に構える瀟洒な数寄屋造りの京料理店。意匠を凝らした空間が非日常感を楽しませてくれる。夜は予算約3万円〜とハレの日仕様だが、昼懐石なら6000円〜と京料理初心者にもやさしい。テーブル席でゆったりとくつろぎながら、心づくしの美味を味わいたい。

\ 盛り付けも美しい /

3.

1. 3. 選りすぐりの食材を遊び心とともに仕上げた懐石料理　2. 〆は土鍋で炊いたご飯

昼ごはん

(祇園)　ぎおんにしかわ
☎075-525-1776〈要予約〉　27席

京都市東山区下河原通八坂鳥居前下ル下河原町473／12:00〜15:00（退店）、18:30〜20:00／日曜休（祝日の場合は翌日休）、月曜の昼休／市バス東山安井から徒歩3分

CARD ※夜のみ可

ハレの日のごちそう。寿司の名店へ

祝いの席を華やかに飾るのは、長く受け継がれてきた伝統の味

引き算方式で生み出す上質素材の粋な旨み

名代ちらし寿し1998円。甘めの酢飯に刻み海苔と椎茸、かんぴょうが混ぜ込まれている

（河原町）
ひさごずし
かわらまち
ほんてん

098
ひさご寿し 河原町本店

☎075-221-5409〈予約可〉　🪑54席

京都市中京区河原町通四条上ル塩屋町344／9:30～21:00／水曜休／阪急京都河原町駅4番出口から徒歩2分

昭和25(1950)年創業の寿司店で、名物は初代から受け継がれたちらし寿し。一見派手さはないが、焼き穴子や海老のそぼろ、椎茸など、素材の旨みを丁寧に引き出した味付けが、食べる人を魅了する。

92

鯖寿司1人前2538円。口いっぱいに濃厚な鯖の旨みが広がる

100年を超える鯖寿司の名店

〈祇園〉
いづじゅう

☎075-561-0019〈予約不可〉 5席

京都市東山区祇園町北側292-1／10:30〜19:00／水曜休／京阪祇園四条駅7番出口から徒歩10分

099 いづ重

テイクアウトも可能！

明治の終わりに京寿司の名店・いづうからのれん分けして創業。かまどで炊いた酢飯と北海道産の昆布、対馬産の鯖が絶妙なハーモニーを奏でる。柚子が香るいなり寿司5個810円（テイクアウトは864円）なども人気。

100 寿司乙羽

明治中期創業の老舗寿司店で、国産の穴子をふんだんに使用したむしずし1470円が名物。独自の製法でふっくらと炊き上げた穴子は錦糸卵で覆われており、ほのかな酢の香りが食欲をそそる。

〈新京極〉
すしおとわ

☎075-221-2412〈予約可〉 40席

京都市中京区新京極四条通上ル中之町565／11:00〜21:00／月曜休／阪急京都河原町駅9番出口から徒歩1分

冬の京名物といえばほかほかの蒸し寿司

昼ごはん

美味の詰まった宝箱 京弁当 は予算別にセレクト

小箱に詰められた京の味覚。予算と空腹具合に合わせてチョイス

従来の枠を超えた
先進的な京料理

101
京料理 木乃婦

昭和10年創業の仕出し屋が平日のみに提供する洛中弁当5500円(サ別)。季節の素材を盛り込んだ八寸など、シニアソムリエの資格を持つ3代目主人の工夫が光る。

予算6000円

(四条烏丸) きょうりょうり きのぶ
☎075-352-0001〈要予約〉 🏠220席
京都市下京区新町通仏光寺下ル岩戸山町416／12:00〜13:30(LO)、18:00〜19:30(LO)／水曜休／地下鉄四条駅6番出口から徒歩5分

人間国宝が作る手桶に
季節の食材がぎっしり

102
京料理 六盛

明治時代の創業以来、一店舗主義を貫く京料理店の名物は、18種もの料理にご飯が付く手をけ弁当3300円(サ別)。手桶は人間国宝・中川清司氏によるもの。

予算3500円

(岡 崎) きょうりょうり ろくせい
☎075-751-6171〈予約可※夜は要予約〉 🏠250席
京都市左京区岡崎西天王町71／11:30〜14:00、16:00〜21:00(土・日曜・祝日は11:30〜21:00)／月曜休／地下鉄東山駅1番出口から徒歩10分

リーズナブルに楽しむ
本格的なあったか和食

予算1500円

〔今出川〕 でまちろろろ

103
出町ろろろ

☎075-213-2772〈予約可〉　15席

京都市上京区今出川通寺町東入ル一真町67-1／火〜木曜は11:30〜16:00(LO)、金〜日曜は11:30〜13:30(LO)、18:00〜20:30(LO)／月曜、第2・4日曜休／京阪出町柳駅5番出口から徒歩10分

女性客を中心に人気を集める和食料理店の名物ランチは、ろろろ弁当1320円。1段目には野菜たっぷりの8品、2段目にはご飯やだし巻きが付き、バランスが◎。

骨までホロホロ
3日間煮込んださば煮

104
今井食堂

予算1000円

上賀茂神社のほど近くに店を構え、50年間継ぎ足したタレでじっくり煮込んだ、さば煮弁当700円を提供。タレの芳醇な香りと鯖の濃厚な味わいにファンも多い。

〔上賀茂〕 いまいしょくどう
☎075-791-6780〈予約可〉　15席
京都市北区上賀茂御薗口町2 上賀茂神社横／11:00〜13:30(LO)／水曜休／市バス上賀茂神社前から徒歩1分

昼ごはん

専門店の「だし」を堪能できるセカンドライン

だし素材の専門店が営む飲食店で、自慢のだし料理を味わおう

天然素材のだしと
柔らかな麺の京うどん

105 仁王門 うね乃

京都の有名料亭などでも愛用されている無添加だし素材の「うね乃」が直営。利尻昆布や数種類の削り節をベースにした風味高いだしに、ふわっと柔らかい昔ながらの京うどんを合わせる。最後の一滴まで飲み干せる優しい味わいのだしにほっこり。季節限定のうどんも登場する。

1. しっぽくうどん1200円。特注の湯葉や生麩、だし巻きなど具だくさん。京ニンジンや九条ネギといった京野菜もオン 2. 落ち着いた雰囲気の店内

(川端御池) におうもん うねの
☎075-751-1188〈予約可〉 15席

京都市左京区新丸太町41／11:30、12:30、13:30、17:00、18:00、19:00（電話で要予約）／木曜、月2回水曜不定休／京阪三条駅11番出口から徒歩4分

96

昆布の老舗が提案する新しい昆布料理

1.

106 おこぶ北清

1912（明治45）年創業の「きたせ昆布」が、販売店の隣で営む。料理によって複数の昆布を使い分けているので、だしやこんぶそのものを多彩に味わえる。昆布入りポテトサラダやポトフなどの単品料理、伏見をはじめとする各地の地酒も充実。ご主人の昆布トークも魅力的だ。

1. おこぶの出汁茶漬け定食1100円。昆布だしをご飯や焼きおにぎりにかけて味わう。トッピングもお好みで 2. 店内はカウンターのほか、座敷席も

（中書島） おこぶきたせ
☎075-601-4528〈予約可※平日昼は要予約〉　15席
京都市伏見区南新地4-52 / 18:00～22:00(LO)、土・日曜、祝日は12:00～22:00(LO) / 月曜休 / 京阪中書島駅から徒歩1分

昼ごはん

97

豆腐も心も震える 湯豆腐の3大名店

京の軟水が育んだ名物の一つ・湯豆腐を、趣ある空間で味わおう

大豆の風味を凝縮した
昔ながらの豆腐に舌鼓

昔どうふ一通り4400円。湯豆腐や木の芽田楽、精進天ぷらなど

（清水寺周辺）
そうほんけ
ゆどうふ
おくたんきよみず

☎075-525-2051 〈予約可〉 🪑120席

京都市東山区清水3-340／11:00～16:00
(LO) ※土・日曜・祝日は～17:00(LO)
／木曜休／市バス清水道から徒歩6分

107
総本家 ゆどうふ 奥丹清水

江戸時代初期に創業。以来、約400年もの間、伝統的な製法を守り続けている。天然のにがりを用いた昔どうふは大豆の旨みや甘みが濃厚でコク深い味わい。600坪の庭園を眺めつつ、堪能しよう。

名勝・嵐山で味わう
風雅な市松模様の豆腐

108
豆腐料理 松ヶ枝

名物は、国産大豆を用いた自家製の蕎麦豆腐と、宇治の抹茶を加えた抹茶豆腐を市松に並べた湯豆腐。豆乳ダレで味わうのがおすすめだ。

（嵐山）
とうふりょうり
まつがえ

☎075-872-0102〈予約可〉 72席

京都市右京区嵯峨天龍寺芒ノ馬場町3／11:00〜16:00 (LO) ※土・日曜〜17:00 (LO)、季節により変動あり（要問合せ）／無休／阪急嵐山駅から徒歩10分

雅2350円。豆乳ダレと醤油ダレをお好みで

なめらかな木綿豆腐を
たっぷりと味わえる

109
南禅寺 順正

南禅寺の参道にある湯豆腐と京会席の店。コースでは、舌の上でふわりとほどける食感の湯豆腐に加え、豆腐田楽や胡麻豆腐などが味わえる。

（南禅寺周辺）
なんぜんじ
じゅんせい

☎075-761-2311〈予約可〉 300席

京都市左京区南禅寺草川町60／11:00〜21:30 (LO20:00)／不定休／地下鉄蹴上駅1番出口から徒歩6分

昼ごはん

湯どうふ「花」3000円。豆腐には柚子を添える

お寺での精進ランチはどうどす?

有名な寺で、仏教の教えに基づいた精進料理や普茶料理を味わおう

庭園ビューと共に
楽しむ朱塗りの膳

110 天龍寺 篩月

曹源池庭園や法堂の雲龍図など、見どころの多い天龍寺の境内にある精進料理店。朱塗りの膳には、季節の野菜や、湯葉、山菜など植物性の食材を使用した料理が盛り付けられている。食べることも修行の一つだと考える禅宗ならではの、素材の味を生かした料理を堪能したい。

\ラインナップはこちら/

1. 禅宗の開祖・達磨大師の姿を描いたもの 2. 窓からは天龍寺の本堂が見える 3. 精進料理は雪3300円〜用意
※別途拝観料500円が必要

嵐山　てんりゅうじ しげつ
☎075-882-9725〈要予約〉　250席
京都市右京区嵯峨天龍寺芒ノ馬場町68／11:00〜14:00／無休／
嵐電嵐山駅から徒歩すぐ

100

大皿からいただく
中国生まれの普茶料理

111 黄檗山 萬福寺

江戸時代に中国の隠元隆琦禅師が開創した黄檗山萬福寺では、中国風精進の普茶料理をいただける。植物性の食材を肉・魚料理に見立てる「もどき」の手法を使い、大皿から取り分けてみんなで和気あいあいと食べるのが中国様式。普段見ないユニークな料理に出合えるかも。

\ 菜やかな一皿 /

1. 木魚を日本に広めたのも隠元禅師。境内には開梆の大きな音が鳴り響く 2. 普茶料理は1人5400円〜（注文は2人前より。要予約）

宇治　おうばくさん まんぷくじ
☎0774-32-3900〈要予約〉 250席
宇治市五ケ庄三番割34／9:00〜17:00（受付〜16:30）／無休／JR黄檗駅から徒歩5分

昼ごはん

ゆばしゃぶ コースで味わう特別な食感

京都で食べたいものの一つ。とろける味わいをぜひ。

風味豊かな湯葉とできたて豆腐を堪能

ゆばしゃぶは、まずはタレなどをつけずそのままの甘みを楽しんで

※写真はイメージ

112 京ゆば処 静家 二条城店

澄んだ空気ときれいな水に恵まれた美山に本店をもつ湯葉料理専門店。仕込みに美山の清冽な水を使い、国産大豆をブレンドした豆乳で作る湯葉が自慢だ。人気のゆば尽くし膳は昼・夜各3コース。汲み上げ湯葉に始まり、生ゆば刺し身、ゆばステーキ、佃煮などと湯葉をさまざまなスタイルで味わえる。中でも、卓上の鍋で温めた豆乳で湯葉をさっと火通しするしゃぶしゃぶは、ここでしか味わえない妙味。ヘルシーで心満たされる湯葉料理を満喫しよう。

1. ゆば尽くし膳2800円〜。湯葉を刺身に見立てたお造りや、豆乳プリンが女性客に人気 2. カウンター9席のみの特別感のある空間

〔二条城周辺〕
きょうゆばどころ
せいけ にじょうじょうてん
☎075-813-1517〈予約可〉
9席(カウンター)
京都市中京区御池通黒門町233-4/11:30〜14:30、17:30〜21:00(LO19:30)/不定休/地下鉄二条城前駅3番出口から徒歩すぐ

昼ごはん

103

こってりもあっさりも！ 売り切れ御免の**人気ラーメン**

実はラーメン激戦区の京都。老舗に加えて個性あふれる店が増加中

鶏だく 800円

ぽってりと濃厚な
唯一無二の鶏スープ

113
麺屋 極鶏

一乗寺のラーメン街道でトップクラスの人気を誇る。鶏の旨みを濃縮した秘伝のスープはポタージュ顔負けの濃度で、飲むというよりも特注の麺に絡めて"食べる"のが正解。後味は意外なほど軽やかだ。

（一乗寺）めんや ごっけい
☎075-711-3133〈予約不可〉 13席
京都市左京区一乗寺西閉川原町29-7／11:30〜22:00／月曜休／叡電一乗寺駅から徒歩5分

女性も完食できる
3種の醤油ラーメン

114
麺屋 優光

淡竹 800円

スタイリッシュな雰囲気のラーメン店。個性の異なる3種類の醤油ラーメンは、醤油ベースにカツオと昆布を加えた肉系の「真竹」、しっかり濃い味の「黒竹」、あっさり系の「淡竹」。

（烏丸御池）めんや ゆうこう
☎075-256-3434〈予約不可〉 16席
京都市中京区場之町588／11:00〜15:00(LO)、17:30〜22:00(LO)／木曜休／地下鉄烏丸御池駅6番出口からすぐ

チャーシューメン 900円

豚骨と鶏ガラを使った
ミルキーな白濁スープ

115
中華そば 高安

カフェのような店内は女性1人でも入りやすい雰囲気。20時間以上かけて作る豚骨＆鶏ガラベースのスープはコク深く、特注の麺とも相性抜群。卓上にある薬味・ニラごまを好みでプラスして。

（一乗寺） ちゅうかそば たかやす
☎075-721-4878〈予約不可〉　24席
京都市左京区一乗寺高槻町10／11:30～翌2:00／
不定休／叡電一乗寺駅から徒歩4分

1年中人気の冷麺は
具のシンプルさが粋

116
中華のサカイ 本店

約80年前に創業。看板メニューの冷めんは、むちっとした食感の特注太麺に、自家製マヨネーズ入りで酸味の効いたタレが絡む。具は焼き豚とキュウリ、刻み海苔だけという潔さ。ハム入りもある。

冷めん（焼豚入り） 790円

（大徳寺周辺） ちゅうかのサカイ ほんてん
☎075-492-5004〈予約不可〉　38席
京都市北区紫野上門前町新大宮商店街北大路上ル92／11:00～
16:00、17:00～21:00／月曜休（祝日の場合は営業）／市バス下鳥
田町から徒歩6分

昼ごはん

口福の16皿…次に来るのは 豆皿中華!?

あっさりした味わいの京中華。一口ずついろんな料理を楽しもう

ライブ感あふれる
創作中国料理に舌鼓

117
百香居

祇園の中心街のビルにある、隠れ処的な創作中華の店。中国料理店で経験を積み、独自のスタイルを確立させたシェフが、上質な素材を駆使して腕を振るう。あんがグツグツと煮えた状態で提供されるふかひれ土鍋ご飯や、豆皿16膳など、目でも楽しめるランチを提供する。

\ だしが絶品 /

2.

1. 昼限定の豆皿16膳3800円（火・木・土曜のみ、要予約）。野菜から魚介、肉までバランスのよい内容 **2.** 豆皿16膳に付くふかひれ土鍋ご飯

（祇園）ばいしゃんきょ

☎075-533-7292〈予約可〉 🪑24席

京都市東山区橋本町396-2 祇園神聖ビル5F／11:30〜14:00（火・木・土曜のみ、前日までの要予約）、18:00〜22:00（LO 21:00）／日曜休／京阪祇園四条駅7番出口から徒歩5分

昼ごはん

1.

ボリュームも味も満点 冴える洋食ランチ

実は京都は洋食も充実。新進気鋭の店で大満足必至のランチを

特製デミグラスオムライス 1320円

ふわトロな卵で包む
万人受けオムライス

118 京洋食 まつもと

フレンチ出身のシェフが、地産地消にこだわって素材を生かした洋食を提供。名物のオムライスは、どこから食べてもふんわりトロトロな卵にコクのある特製デミグラスソースがたっぷり。シンプルながら、しみじみと美味しい大人向けの味わいだ。ほかにも、A5級の和牛ミンチを使ったハンバーグや京都産豚肉の豚カツなど名物多数。ご飯は丹波産のコシヒカリを使用している。町家風の落ち着いた空間で堪能しよう。

(四条烏丸) きょうようしょく まつもと
☎075-708-7616 〈予約可〉 37席
京都市中京区蛸薬師通新町西入ル不動町171-4／11:30〜14:30(LO)、18:00〜21:30(LO)／月曜休(祝日の場合は翌日休、月曜が1日の場合は営業)／地下鉄四条駅22番出口から徒歩8分

旨み満点ハンバーグに
ソースと半熟卵が絡む

イノツチ特製ハンバーグランチセット 1200円〜

119 洋食イノツチ

話題の店が増加中の東山エリアにある、カウンター席のみのこぢんまりとした洋食専門店。アットホームな雰囲気で、丁寧に作られた料理が味わえる。人気のハンバーグはふっくらジューシーに焼き上げ、じっくり1週間かけて仕込むデミグラスソースと合わせ、丹波産卵の半熟目玉焼きをオン。正統派のおいしさに頬が緩む。また、ディナータイムは前菜盛り合わせやグラタン、本日の黒毛和牛料理などワインにも合うアラカルトメニューが揃っている。

岡崎　ようしょくイノツチ

☎075-751-6000〈予約不可※夜は可〉　9席

京都市左京区聖護院蓮華蔵31 第二近健ビル1F／12:00〜14:00、18:00〜22:00／火曜休※木〜日曜はランチ休／京阪三条駅11番出口から徒歩10分

CARD（※夜のみ可）　

昼ごはん

京都人はお肉好き！ ずっしり肉食サンド

パンもお肉も大好きな京都人。ガッツリなお肉系サンドが大人気！

120 BURLESQUE

カフェと美容室が同居。「DAY's」のバンズに肉汁がジュワッとあふれるパティや香ばしいベーコンなどをサンド。

（丹波口） バーレスク
☎075-874-3651〈予約可〉 4席
京都市下京区朱雀北ノ口町3／11:00～22:00／木曜、第2水休／JR梅小路京都西駅から徒歩5分
CARD

牛肉100％のパティと名店のバンズがマッチ

ベーコンチーズバーガー　1190円

---

121 イノダコーヒ本店

京都を代表する名喫茶店。特製ハムやグリルチキンを野菜と共にサンドして、特製の肉々しいベーコンをオン！

（烏丸御池） イノダコーヒほんてん
☎075-221-0507〈予約不可〉 211席
京都市中京区堺町通三条下ル道祐町140／7:00～18:00（モーニングは～11:00）／無休／地下鉄烏丸御池駅5番出口から徒歩5分

多種の肉を挟む老舗喫茶のご馳走

クラブハウスサンド　1930円

---

122 はふう 本店

実家で生肉卸に携わるオーナーが営む洋食店。ランチやディナー、テイクアウトでも上質な肉料理を味わえる。

（御所南） はふう ほんてん
☎075-257-1581〈予約可※ランチは不可〉
36席
京都市中京区麩屋町通夷川上ル笹屋町471-1／11:30～13:30（LO）、17:30～21:30（LO）／水曜休／地下鉄京都市役所前駅3番出口から徒歩10分

CARD

和牛の旨みがギュッと！リッチな味わいのサンド

極上カツサンド　5000円

123 Dai's Deli & Sandwiches 六角店

自家製ウィートブレッド（全粒粉）を使用。厚切りトマトとバルサミコソースが絡まったチキンでガッツリ！

（烏丸御池）
ダイズデリアンドサンドイッチ ろっかくてん
☎075-223-3851 〈予約可〉 🪑22席

京都市中京区槌屋町95／11:00〜18:00／無休／地下鉄烏丸御池駅5番出口から徒歩6分

野菜もたっぷりと味わえるのが魅力

バルサミコチキン&トマト　1706円

---

124 前田珈琲 室町本店

老舗精肉店「モリタ屋」のローストビーフをサンド。ふわりと柔らかいパンが肉の旨みを引き立てる。

（四条烏丸）
まえだこーひー むろまちほんてん
☎075-255-2588 〈予約可※平日のみ〉 🪑100席

京都市中京区蛸薬師通烏丸西入橋弁慶町236／7:00〜17:00(LO16:30)／無休／阪急烏丸駅22番出口から徒歩3分

特製ローストビーフを豪快に頬張りたい！

ローストビーフサンド　1606円

---

125 58DINER

平安神宮近くのハンバーガーショップ。牛の赤身肉100%のコク深いパティにチェダーチーズやオニオンを合わせる。

（岡崎）
フィフティーエイトダイナー
☎075-752-1358 〈予約可〉 🪑32席

京都市左京区岡崎最勝寺2-38／11:00〜22:00（LO）／月曜休／地下鉄東山駅2番出口から徒歩10分

パティ2枚の豪快な正統派バーガー

ハングリーセット　1030円

昼ごはん

受け継がれる秘伝のレシピ。古都の たまごサンド

京都の喫茶店でおなじみのオムレツサンドに店ごとの個性が光る

126 喫茶マドラグ

今はなき名店の味を守りつつさらに進化中

閉店した「洋食コロナ」の名物・玉子サンドを直伝のレシピを元に再現。玉子4個分に昆布だしと牛乳を加えたオムレツは、ふわっふわの食感が感動モノ。

〔烏丸御池〕 きっさマドラグ
☎075-744-0067 〈予約可〉 18席
京都市中京区押小路通西洞院東入ル北側／11:30〜売切次第終了／日曜休／地下鉄烏丸御池駅2番出口から徒歩6分

コロナの玉子サンドイッチ 800円

---

127 グリルグリーン

黄金色に輝く玉子はコース終盤のお楽しみ

フレンチと鉄板焼きが融合したコース料理のシメに提供（要予約）。ふんわりオムレツに辛子バターが合う大人の味。

〔祇園〕
☎075-525-3117 〈予約可〉 8席
京都市東山区祇園町北側347-28 Fビル1F／18:00〜24:00(LO)／日曜・祝日休／京阪祇園四条駅7番出口から徒歩7分

（※21時まで）

玉子サンド 880円（サ別）

---

128 百春

店主のお家で生まれた優しい味わいのサンド

淡い塩味の大きなオムレツにコクと甘み、ほのかな酸味のあるソースを合わせる。自家焙煎のコーヒーと相性抜群。

〔京都市役所前〕 ももはる
☎075-708-3437 〈予約不可〉 8席
京都市中京区常盤木町55 種池ビル2F／11:00〜18:30／火・木曜休／地下鉄京都市役所前駅11番出口から徒歩5分

タマゴサンド 770円

129　フランジパニ

卵2個を使い、両面焼きしたオムレツとシャキシャキのレタスやキュウリが好相性。厚めのパンを使った卵トーストサンド600円も人気。

（鞍馬口）
☎075-411-2245〈予約可〉　🪑16席

京都市上京区室町通鞍馬口下ル森之木町462／10:00〜17:00／木・日曜／地下鉄鞍馬口駅から徒歩2分

たっぷり野菜と味わうシンプルなオムレツ

タマゴサンド　650円

130　喫茶チロル

創業から約50年変わらぬレシピ。香ばしく焼いた厚切りパンを使うので食べ応えあり。ソースはマスタードとマヨネーズのみですっきりとした味わいに。

（二条城周辺）きっさチロル
☎075-821-3031〈予約不可〉　🪑29席

京都市中京区御池通大宮西入ル門前町539-3／7:00〜17:00／日曜・祝日休／地下鉄二条城前駅3番出口から徒歩4分

なめらかな玉子焼きをトーストでサンド

玉子トースト　550円

131　アマゾン

和風だしを使ったふわふわの玉子焼きをシンプルにマヨネーズとケチャップでサンド。昔から愛され続けるボリュームたっぷりの玉子サンドだ。

（七条）
☎075-561-8875〈予約不可〉　🪑32席

京都市東山区鞘町通七条上ル下堀詰町235／7:30〜17:30／木曜休／京阪七条駅4番出口から徒歩2分

2色のソースを添えた圧巻の厚焼きオムレツ

たまごサンド　750円

昼ごはん

113

パンの町・京都でベーカリーはしご

呑めるパンを求めて!

DEEP KYOTO

with 白ワイン

Ⓐ ペッパーカルネ
210円

フランスパンにハム＆オニオンをサンド、黒胡椒入りマヨネーズがアクセント

with 赤ワイン

Ⓐ 元祖
ビーフカツサンド
570円

サックリ衣に包まれた2枚重ねのビーフカツが贅沢！甘辛い特製ソースも絶妙

Ⓑ 大きい
ポークフランク
302円

with ビール

ジューシーなフランクとビールとの相性は◎！ピクルスの酸味が効いている

with レモンサワー

Ⓑ カレーパン
108円

辛口と甘口のルウを混ぜ合わせたカレーは、深いコクがクセになるおいしさ

パンの町・京都が誇る 思わずお酒が進むパン

立派な食事になりそうなパンや、スイーツさながらのパンまで、実にバリエーション豊かな最近のパン事情。思わずお酒が欲しくなる「呑める」パンも増加中だ。冷えた白ワインに合わせるなら、黒コショウマヨがきいた「志津屋」のペッパーカルネ。スモークサーモンやパテを挟んだ「Le Petit Mec」のサンド類も、ワインなしにいただくのはもったいないほど。店主がワイン好きの「アルチザナル」はアンチョビやオリーブを使っ

114

Ⓐ 志津屋本店

太秦

しずやほんてん
☎075-803-2550

京都市右京区山ノ内五反田町10／7:00〜20:00／無休／嵐電山ノ内駅から徒歩5分

Ⓑ Frip up!

烏丸御池

フリップアップ
☎075-213-2833

京都市中京区押小路通室町東入ル蛸薬師町292-2 SDKビル1F／7:00〜18:00（売切れ次第終了）／日・月曜休／地下鉄烏丸線烏丸御池駅2番出口から徒歩3分

Ⓒ boulangerie Artisan'Halles

今出川

ブーランジェリー アルチザナル
☎075-744-1839

京都市上京区今出川通寺町東入ル一真町89／9:00〜19:00／水・木曜休／京阪出町柳駅3番出口から徒歩6分

Ⓓ キキ ダウンステアーズ ベーカリー

金閣寺

☎075-275-4866

京都市右京区常盤御池町21-15／7:00〜18:00／月曜休／嵐電宇多野駅から徒歩5分

Ⓔ Le Petit Mec 御池

烏丸御池

ル・プチメック おいけ
☎075-212-7735

京都市中京区御池通衣棚通上ル下妙覚寺町186 ピスカリア光樹1F／9:00〜18:00／無休／地下鉄烏丸線・東西線烏丸御池駅2番出口から徒歩2分

Ⓒ アンチョビオリーブ
220円

ゴロっと入った大粒のオリーブとアンチョビの塩気のバランスが絶妙！

with 白ワイン

Ⓓ ししゃもパン
130円

見た目はもちろん、ししゃもとバター香るクロワッサンの相性の良さにも驚き

with 日本酒

Ⓔ スモークサーモンとクリームチーズ
226円

サイコロサーモン×クリームチーズの最強コンビ。ケッパーで酸味をプラス

with 白ワイン

Ⓔ 自家製ローストビーフと青かびチーズのソース
442円

ボリュームたっぷりのローストビーフに濃厚なチーズソースがよく合う

with 赤ワイン

た塩気がアクセントのパンなど豊富に揃う。ビールやサワーを片手に豪快に頬張るなら、「フリップアップ」のポークフランクやカレーパンがベスト！さすがに日本酒に合うものは…と思ったあなたには、そのビジュアルに誰もが驚く「キキダウンステアーズベーカリー」のししゃもパン。ししゃもの塩気と芳醇なバターの風味が意外にもお酒にぴったり。さっそく今夜、好みのパンで一杯いかが？

115

若き和食の旗手が手掛ける、怖くない夜会席

肩の力を抜いて会席デビューするのにふさわしいのはこちら

日本料理とワインで若き店主がもてなす

客一人ごとに献立のメモを残し、次回は違う料理を出す気配りも

1.料理は一例。八寸風な盛り付けが美しい銀ダラの味噌漬け（手前） 2.だしが効いたすっぽんの茶碗蒸し 3.グジとマイタケの釜飯をシメに

137 祇園にし

30代の若き店主と女将が営む京料理店。やさしい雰囲気をまとった店主は、南木屋町の名店「日本料理とくを」でしっかりと腕を磨き独立。一方ではイタリアンやワインにも心得があり、ワインムリエの資格ももつ。伝統的な京会席に独自のアレンジを加えた料理とワインのマリアージュが祇園界隈の食通にも好評だ。器は主に清水焼を使用している。ライブ感のあるカウンター席に加え、テーブル席も用意。昼6600円〜、夜1万3200円〜（各サ別）のコースのみ。

（祇園） ぎおんにし
☎075-532-4124〈要予約〉 20席

京都市東山区月見町21-2 1F ／ 12:00〜15:00（最終入店12:00）、18:00〜23:00（最終入店19:00）／月曜、火曜のランチ休／市バス東山安井からすぐ

夜ごはん

京割烹も おしゃべり付き でお気軽に

気さくな店主がいるカウンター割烹で和食デビューはいかが？

アラカルトで味わう
名店仕込みの端正な味

138 てらまち 福田

カジュアルな雰囲気の割烹。飄々とした風情の店主・福田さんは「和久傳」の出身で、すっぽんや甘鯛といった高級食材の扱いもお手のもの。加えて、ポテトサラダや親子丼などの普段着メニューも並ぶという選択肢の広さが大きな魅力。福田さんが厳選した地酒と共に味わおう。

1. 長崎産すっぽんの土瓶蒸し1650円は通年味わえる 2. 濃口醤油と昆布だしで炊いた酢飯を使う鯖寿司2貫700円 3. 店内はテーブル席もある

寺町　てらまちふくだ
☎075-343-5345〈予約可※昼は不可〉 🪑20席
京都市下京区寺町通仏光寺下ル恵美須之町528 えびすテラス2F／
12:00～13:30(LO)、17:00～22:00(LO)／水曜・第4火曜休／
阪急京都河原町駅10番出口から徒歩4分

旬のうまいものが並ぶ
黒板メニューに注目！

1. ぐじからあげ 2600円 **2.** いわしと生姜のごはん 2200円は2〜3人前 **3.** 調理台とカウンターが同じ高さゆえ、ライブ感や宝来さんとの会話が楽しめる

139 わしょく宝来

若き店主の宝来さんが「気軽に和食を楽しんで」と構えた和モダンな空間。大きな黒板に、その日食べて欲しいものをずらりと並べて客を迎える。造りや焼き物などの正統派和食から、コロッケやデザートと洋風の味まで心づくしの品ばかり。値段は記されていないが、良心的だ。

東山 ）わしょくほうらい
☎075-561-2834〈予約可〉 17席
京都市東山区東大路通新橋上ル林下町438／16:30〜23:00(LO22:00)／日曜休、月2回不定休あり／市バス知恩院前からすぐ

夜ごはん

味も値段もやさしい、昔ながらの名店

風情ある佇まいの中で気負わずに食事を楽しめるのが嬉しい

湯気立つ一杯の汁にもてなしの心を込める

140 志る幸

1932（昭和7）年創業。八坂神社の能舞台に見立てたカウンターなど、趣のある空間で名物の汁物などを味わえる。昼夜とも提供する利久辨當は、豆腐入りの白味噌汁と季節のかやくご飯につまみ肴5品が付く。味噌汁の具は、ゆば、おとしいもなどを追加することも可能（別料金）。

利久辨當2640円。季節の味を盛り込んだつまみ肴はご飯と好相性

(河原町) しるこう
☎075-221-3250 〈予約可〉 🪑30席

京都市下京区四条河原町上ル一筋目東入ル／11:30〜14:00(最終入店)、17:00〜20:00(最終入店)／水曜休、ほか不定休あり／市バス四条河原町からすぐ

風格ある日本家屋で
そばや丼を気軽に

141 本家尾張屋 本店

創業から550年以上の老舗。だしやそば打ちには京都の軟らかな地下水を使用している。豪華な食材をトッピングして味わう名物の宝来そばをはじめ、そば、うどん、丼が充実。お揚げと九条ネギを卵でとじた衣笠丼が、京都ならではの味として人気。昼時はほぼ毎日行列ができる。

\ そばつゆで味付け /

山椒が味を引き締める衣笠丼1045円。卵とじを雪化粧の衣笠山に見立てたのが名の由来といわれる

(烏丸御池) ほんけおわりや ほんてん
☎075-231-3446　🪑96席

京都市中京区車屋町通二条下ル／11:00〜18:00(LO)／無休／地下鉄烏丸御池駅1番出口から徒歩2分

夜ごはん

京都人気分で！おばんざい3段活用

① 昔ながら のカウンターでほっこり夜ごはん

祇園で味わう やさしい家庭の味

お揚げの中に9種の具が入った福宝 770円、だしまき 550円など

142 登希代

祇園・白川にあるアットホームな雰囲気の店。着物に割烹着姿の女将が昔から家族のために作っていたおばんざいを中心に揃える。その素朴でしみじみとした味わいにほっこり。初めてでも、一人でも気楽に過ごせる空間だ。祇園にありながら価格帯がリーズナブルなのも嬉しい。

\ 好きな酒を選べる /

日本酒飲み比べ3種
1100円

（祇園） ときよ

☎075-531-5771〈予約可〉　🪑30席

京都市東山区大和大路通新橋上ル元吉町42／17:30〜22:00／不定休／京阪祇園四条駅9番出口から徒歩2分

夜ごはん

123

スタイリッシュな人気店 は女子ウケ抜群

②おしゃれな空間でイケメンが迎えるとっておきの一軒へ

路地の奥に広がる
和モダンな空間

143 お数家いしかわ

四条烏丸の路地に佇む築100年の町家をスタイリッシュにリノベ。オープンキッチンのカウンターには大鉢のおばんざいがずらりと並ぶ。モダンな雰囲気と、昔ながらのおばんざいの意外なマッチングがユニークだ。デートや女子会でダイニングバー的に使うのがおすすめ。

にしん茄子(上)は630円、カボチャと生麩の味噌マヨネーズ和え(下)は650円。アレンジありの品も

(四条烏丸) おかずやいしかわ
☎075-344-3440 〈予約可〉 29席
京都市下京区高倉通四条下ル高材木町221-2／17:00〜23:00(LO 22:00)／不定休／阪急烏丸駅15番出口から徒歩1分

124

名物女将に会いたくて
③会うだけで元気をもらえるあの人がいる店へ

笑顔とおばんざいで癒しをチャージ！

カレー（小）500円（上）は辛さの調節も可。てっぱい780円（下）には焼いたお揚げや生麩が

144 あおい

ビル奥にある、カウンターメインのアットホームな空間。割烹着が似合う店主のとしいさんが、まるで友人の家に遊びに来たように温かくもてなしてくれる。京野菜や生麩などを使ったおばんざいはどれもやさしい味わいで、かつお酒もぴったり。女性一人でも気軽に入れるのが嬉しい。

(木屋町)

☎075-252-5649 〈予約可〉 10席

京都市中京区東木屋町三条下ル材木町181-2 ニュー京都ビル1F奥／17:00〜23:00／月・日曜・祝日休、ほか不定休あり／市バス河原町三条から徒歩4分

夜ごはん

新鮮！NEWスタイルで味わう 旬の京野菜

新鮮な地もの野菜をスタイリッシュに味わってみよう

145 Il cipresso 祇園 花見小路

祇園の花見小路の近く、築100年の町家を生かしたレストラン。イタリアの伝統的な地方料理をベースに、地元はもちろん、ヨーロッパの野菜を使ったメニューが提供される。全9品のランチコースは6600円～。生産者との交流を通して生まれる、旬の野菜を使った四季折々の料理をいただこう。

風格ある町家の店内からは坪庭を眺められるなど、京都らしい雰囲気も楽しめる

〔祇園〕 イル チプレッソ ぎおんはなみこうじ

☎075-533-7071 〈予約可〉 14席

京都市東山区祇園町南側566／11:30～15:00、18:00～23:00／日曜休／京阪祇園四条駅から徒歩3分

坪庭を眺めながら
旬野菜のイタリアンを

さまざまな味で楽しむ
新鮮野菜の炭火焼き

\採れたて野菜/

1.野菜を客の前で焼き上げる 2.その日の野菜が札で並ぶので好きなものを選ぼう 3.野菜の炭火焼550円など

146
yasai hori

四条河原町の隠れグルメスポット「花遊小路（かゆうこうじ）」にある野菜料理専門店。野菜本来の味がしっかりと堪能できる朝採れ野菜の炭火焼きが名物だ。野菜に合わせて塩やバターなど調味料を変えるのでいろんな種類を楽しみたい。野菜のスムージーや地酒といったドリンクにもこだわりあり。

野菜や果物が並ぶカウンター席、シンプルなテーブル席、どちらも居心地よく過ごせる空間

河原町　ヤサイ ホリ

☎075-555-2625〈予約可〉　16席

京都市中京区中之町565-11／17:00〜24:00／火曜休／阪急京都河原町駅9番出口からすぐ

夜ごはん

雰囲気抜群の ここイチ贅沢ディナー

ハレの日には京都の粋を感じられる町家空間で優雅な時間を

京都を表現したモダンなフレンチ

ライトアップされた日本庭園が幻想的。奥には特別席の蔵もある

147

MOTOï

約100坪の邸宅を利用した瀟洒なレストラン。シェフ自ら上賀茂や静原の農家へ足を運んだり、時には山で野草を摘んだりして集める食材を見目麗しい料理に仕立てる。ディナーコース1万7600円（サービス料別途）は全13品。ある日のメイン料理は、部位によって火入れ方法を変え食感の変化を楽しむ鳩のロースト。それぞれに丁寧な下処理を施した40種類の旬野菜を添えるのが圧巻だ。大切な人と共に、いつもよりお洒落をして出かけたいとっておきの一軒。

（御所南）モトイ

☎075-231-0709〈要予約〉　28席

京都市中京区富小路通二条下ル俵屋町186／12:00〜13:00、18:00〜20:00／水・木曜休／地下鉄京都市役所前駅3番出口から徒歩10分

夜ごはん

京都人熱愛の ホルモンの名店

安くて美味しいホルモンは京都人の大好物！

並んででも食べたい！旨み弾ける名物のホソ

148 焼肉・塩ホルモン アジェ松原本店

大衆的な雰囲気と手頃さでほぼ毎日行列の人気店。ホルモンはホソや上ハラミなどの定番から、ちからこぶ、ネクタイといった希少部位まで揃う。下味は塩かタレが選べ、余分な脂を落とすさっぱり味の「洗いダレ」で食すのが特徴。生センマイやチゲなどのサイドメニューも。

\ 脂のせみが最高！/

1. 上ハラミ1404円、天肉750円、白菜キムチ486円など 2. ホソ648円、長イモキムチ486円

木屋町　やきにく・しおホルモン アジェまつばらほんてん
☎075-352-5757 〈予約可〉 🪑34席
京都市下京区西木屋町通松原上ル清水町454-34 美松会館1F／
18:00〜23:00(LO)、土・日曜・祝日は16:00〜／木曜休／阪急
京都河原町駅4番出口から徒歩8分

149 ホルモン千葉

店員が目の前で頃合いに焼いてくれるスタイルが好評。人気のコースは、まずマルチョウや中落ちなど5種をコク塩で、次にホソやアカセンなど4種を黒ダレで。鉄板にたまった旨みたっぷりの肉汁を絡めるシメのうどんやそばは、ここでしか食べられない妙味。単品もあり。

\ ホルモンが9種類も！ /

千葉コース3080円。塩焼きとタレ焼きで鉄板を替えてくれる。たっぷりのモヤシを箸休めに

（木屋町）　ホルモンちば
☎075-352-6162〈予約可〉　🪑22席
京都市下京区船頭町234-1／17:00〜23:00／月曜休／阪急京都河原町駅4番出口から徒歩2分

新鮮なホルモンを
2種の味付けで堪能

夜ごはん

スパイスの妙技に溺れたい カレー新時代

国籍やジャンルを超えた個性際立つカレーが京の街に増加中！

毎日でも食べたくなる滋味豊かなひと皿

150
森林食堂

長期熟成鶏チキンカレー＆ラムライス1300円は、ほろほろの鶏肉入りでほどよくスパイシーなルゥと、野趣味のあるラムライスの相性が抜群。

（二条） しんりんしょくどう　☎非公開　🍴12席

京都市中京区西ノ京内畑町24-4／11:30〜14:30 (LO)、18:00〜21:00 (LO)／不定休／地下鉄二条駅3番出口から徒歩5分

151 asipai kyoto

鳥取で人気のカレー店が京都に進出。あいがけカレー1050円は、スパイシーさとまろやかな甘みを併せ持つ。

（七条）アジパイ キョウト
☎075-276-3526〈予約可〉 15席
京都市下京区七条通河原町東入ル材木町460／18:00〜21:00／無休（不定休あり）／京阪七条駅3番出口から徒歩5分

CARD

カレーとコーヒーの
二本柱はどちらも美味

無添加で作るカレーは
あいがけもOK！

（烏丸御池）
☎075-211-3949〈予約可〉 26席
京都市中京区三条東洞院東入ル菱屋町32-1／11:30〜15:00、17:00〜22:30（土・日曜・祝日は11:30〜22:30）※LOは閉店の30分前／無休／地下鉄烏丸御池駅5番出口から徒歩2分

CARD

152 カマル

肉がごろりと入った激辛ビーフカレー（S）870円（写真）やバターチキンカレー、キーマチキンカレーなどが揃う。

153 先斗町薬膳カレー

38種類のスパイスが入った薬膳カレー500円〜は清涼感のある辛さで、グルテンフリーゆえに口当たりは軽やか。

（先斗町）ぽんとちょうやくぜんカレー
☎075-222-2279〈予約可〉 7席
京都市中京区下樵木町203-5 SAKIZO 立誠校前ビル1F／11:30〜24:00（要問合せ）／火曜休、ほか不定休あり／京阪祇園四条駅4番出口から徒歩4分

マイルドで食べやすい
お手頃カレー

夜ごはん

怒涛の 上等肉ウェーブ到来

ハイグレードの肉を食べたい人へ。予約をしてでも行きたい店

実家の有機野菜と炭火で焼いた熟成肉

154 メッシタ パーネ エ ヴィーノ

フィレンツェで修業を積んだ店主のおすすめは、大きな塊の熟成肉を使った炭火焼き。滋賀県の精肉店「サカエヤ」から仕入れる経産牛は、きめ細かい肉質や旨みが特徴だ。イタリア語で「酒場・パンとワイン」を意味する店名の通り、自家製パンや自然派ワインも自慢。

＼全てオーガニック！／

外側はカリッと、中はジューシーなランプ100g 2400円、リブロース100g 2400円（写真は200g）

(四条烏丸)
☎075-202-3783〈予約可〉 🪑18席

京都市中京区錦小路室町西入ル天神山町277 K−an 1F／18:00〜23:00／日曜休／阪急烏丸駅24番出口から徒歩3分

155
le 14e

シェフの茂野さんが修業していたという"パリ14区"に由来した店名を持つ。解体から枝肉の管理まで、牛肉に熟知している茂野さんが、滋賀県・木下牧場などの牛肉を丁寧に調理して提供。牛肉は大量の油で焼き上げているため、外はカリカリ、中はジューシーな食感だ。

\ パリの味を提供 /

木下牛100g2700円〜など。滋賀・近江の木下牛は赤身でさっぱりとした味わいが特徴だ

(丸太町) ル キャトーズィエム
☎075-231-7009〈要予約〉 🪑10席
京都市上京区伊勢屋町393-3 ポガンビル2F／18:00〜21:30(LO)、土曜、祝日は17:00〜／月・火・金曜休／市バス河原町丸太町からすぐ

カリッと揚げ焼きであふれだす肉汁

夜ごはん

お一人さまなら… お任せがうれしい夜カフェ

意外と重宝する、夜遅くに一人でフラッと立ち寄れる店

タコライス　950円

隠れ家カフェで
お腹も心も大満足

＼学生にも うれしい／

食事メニューも充実していて、使い勝手バツグン

156 さらさ花遊小路

京都の町家カフェの代表的存在「さらさ」。ランチからディナーまで、ボリューム満点の多国籍料理を楽しめる。アラカルトのほか、ご飯にボリューミーなおかず、ミニサラダ、スープ、ドリンクがセットのメニューも用意。アルコールやスイーツも豊富に揃えている。

河原町　さらさかゆうこうじ
☎075-212-2310〈予約可〉　70席
京都市中京区新京極四条上ル中之町565-13／12:00～23:00(LO)／不定休／阪急京都河原町駅6番出口からすぐ

鶏のからあげ定食　750円

1.

ガッツリバランスよく
食べたい人の第二の家

157
定食屋 soto

季節ごとや日替わりを含め定食約10種680〜900円までが基本。白米と十六穀米から選べるガス釜で炊くご飯がおいしいと評判で、京都近郊の米や野菜など新鮮な素材を使う。定食のメイン料理や小鉢、味噌汁のほか、一品ものも毎日手づくり。フリカケがかけ放題なのも◎。

\ 人気はからあげ！/

1. 鶏のからあげは生姜と黒胡椒、醤油の下味がモモ肉の旨みを引き出す
2. 毎日通う人もいるとか

(烏丸御池) ていしょくやソト
☎075-212-5161〈予約可〉　20席
京都市中京区姉小路通東洞院東入ル笹屋町446 井上ビルB1F／11:30〜19:30（LO19:00）／日曜、土曜の夜休／地下鉄烏丸御池駅3-1番出口から徒歩3分

夜ごはん

137

グループなら… **安いおいしい串八**

大バコなので使い勝手がよく、幅広い年代に愛される創作串カツ店

60種以上の串カツと多彩な料理に目移り！

158
串八 白梅町本店

"うまくて、安くて、楽しくて"をモットーに掲げる京都発祥の串カツチェーン。注文ごとに揚げる熱々の串カツが1本65円〜というリーズナブルさが魅力だ。

北野白梅町
くしはち
はくばいちょう
ほんてん

☎075-461-8888〈予約可〉　🪑300席

京都市北区北野上白梅町33-1／17:00〜23:30（LO）※土曜・祝前日は16:30〜23:30（LO)、日曜・祝日は16:30〜23:00（LO）／月曜休（祝日の場合は翌日休）／嵐電北野白梅町駅2番出口から徒歩1分

気分はアジア！ 本場さながらの多国籍料理

現地を思わせる料理と空間でエアトリップ気分を楽しもう

汗をかきながら食べたい 本場・韓国の辛旨鍋

肉厚の豚肉とヤンニョムスープが好相性のチャグルチャグル鍋1人前1800円（オーダーは2人前〜）

（丸太町）

159
チャグルチャグル

☎075-746-5289〈予約可〉 28席

京都市中京区河原町通竹屋町上ル大文字町242-5 2F／17:00〜23:00／木曜、第3水曜休／京阪神宮丸太町駅から徒歩6分

韓国で親しまれている鍋・鉄板料理を提供。サムギョプサル1人前2100円（オーダーは2人前〜）は、ナムルやキムチ、ご飯なども付いてボリューム満点。店名は韓国語で「グツグツ」の意味。

現地で覚えた味を再現したラオス料理

160
ラオス料理 YuLaLa

店主夫妻はラオスでも飲食店を営んだ経験があり、現地の家庭料理をメインに提供。採れたての地野菜やハーブをふんだんに使った素朴でどこか懐かしさを感じる味が好評だ。

アットホームな雰囲気

トムソムガイ 990円、ビアラオ 660円、カオニャオ 440円

〔四条烏丸〕 ラオスしょくどう ユララ
☎080-6214-2546〈予約可〉 🪑12席
京都市下京区万里小路町163 エトワール四条1F／17:00〜23:00（LO22:30）／火曜休／地下鉄四条駅5番出口から徒歩10分

バリの香りを感じるエスニック料理店

161
Cafe bali gasi

店主自ら買い付けた家具が置かれた、バリ島の雰囲気たっぷりの店内で味わえるのは、スパイスの効いたバリ料理。ワインとハイボール飲み放題（2時間）1800円も。

ゆっくりとくつろいで

バリ風やきそば・ミーゴレンはドリンク付きで820円

〔北山〕 カフェ バリ ガシ
☎075-702-4599〈予約可〉 🪑22席
京都市左京区下鴨北芝町34 ブドワール1F／12:00〜22:00／火曜休（祝日の場合は営業、翌日休）／地下鉄北山駅2番出口から徒歩3分

夜ごはん

今宵はヨーロッパ！ 一晩の海外旅行

在住外国人の多い京都には、本格欧風料理店も揃い踏みなんです

魚介の旨みがたっぷり 本場スペインの味

日替わりのタパス・パエリアセット990円は、大鍋のパエリアを取り分けるスタイル ※写真はイメージ

京都市役所前
エル キージョ デ
ラ マーサ キオト

☎075-255-6093〈予約可〉 🪑40席

京都市中京区亀屋町380／12:00〜16:00、17:00〜21:30（LO）／不定休／地下鉄京都市役所前駅から徒歩6分

162

El Quillo de La masa Kioto

寺町二条の老舗スペイン海鮮料理店「La masa（ラ マーサ）」が移転。名物のイワシとトマトのパエリアなど、多彩な料理が振る舞われる。

ピロシキ330円(奥)、ボルシチ990円(手前)

ロシアの情景が浮かぶ
味わい深い味

163
レストラン キエフ

本格的なロシア・ウクライナ料理を提供。鴨川を眺めながら、野菜をたっぷり煮込んだ名物のボルシチや手作りのピロシキなどを楽しめる。

（祇園）

☎075-525-0860〈予約可〉　🪑80席

京都市東山区縄手通四条上ル廿一軒町236 鴨東ビル6F／12:00～22:00（LO21:00）／無休／京阪祇園四条駅7番出口からすぐ

和の庭園を眺めながら
本格ドイツ料理を

164
Café Müller

本場仕込みのドイツカフェ。テラス席で中庭を望みながら、生ビール片手に自家製ソーセージやプレッツェル270円など一品料理をいただこう。

（荒神口）
カフェ・ミュラー

☎075-752-4131〈予約可〉　🪑40席

京都市左京区吉田河原町19-3 ゲーテ・インスティトゥート・ヴィラ鴨川1F／12:00～18:00（LO）／月曜休／京阪神宮丸太町駅5番出口から徒歩6分

1.生ビール（エルディンガー）756円、自家製茹で白ソーセージ734円など 2.ドイツビールの瓶が並ぶ

夜ごはん

143

こんなに使える！2020年、生まれ変わった新風館

DEEP KYOTO

RESTAURANT

オーガニック野菜で季節をいただきます

本と野菜 OyOy
[烏丸御池] ほんとやさい オイオイ
☎075-744-1727〈夜のみ予約可〉 🍴20席
11:00〜23:00（変更の可能性あり）/無休
CARD 🚭 ♿

CAFÉ

新風館限定のかき氷を

お茶と酒 たすき　新風館
[烏丸御池] おちゃとさけたすき しんぷうかん
☎075-744-1139〈予約不可〉 🍴20席
11:00〜22:00/無休
CARD 🚭 ♿

SHOP

green bean to bar CHOCOLATE
[烏丸御池] グリーン ビーン トゥ バー チョコレート
☎075-741-7602〈予約不可〉
🍴なし　11:00〜20:00/無休
CARD 🚭 ♿

レンガ造のランドマーク街に賑わいと文化を

2020年6月、複合施設「新風館」がリニューアル。京都市指定・登録文化財である旧京都中央電話局の建物を活かしながら、中身は格段にパワーアップした。既存棟と新築棟からなる施設は、ミニシアター「アップリンク京都」をはじめ、全20店舗の商業ゾーンと、アジア初上陸となる「エースホテル京都」で構成される。レストランやカフェの充実ぶりは地元の人の間でも話題。本と野菜の組み合せがユニークな「本と野菜

144

世界的な建築家の隈研吾氏と、LA拠点のコミューンデザインとのコラボレーション

ACE HOTEL KYOTO RESTAURANT

MR. MAURICE'S ITALIAN

(烏丸御池) ミスター モーリズ イタリアン
☎075-229-9006 〈予約可〉 96席
7:00〜10:30、11:30〜15:00、17:30〜21:00
(金・土曜は〜23:00) ／無休

南カリフォルニア発の
メキシコ料理

PIOPIKO

(烏丸御池) ピオピコ
☎075-229-9007 〈予約可〉 82席
11:30〜22:00
(金・土曜11:30〜23:00) ／無休

新風館
(烏丸御池) しんぷうかん

京都市中京区烏丸通姉小路下ル場之町586-2／地下鉄烏丸線・東西線烏丸御池駅直結／SHOPS 11:00〜20:00、RESTAURANT 11:00〜24:00 ※店舗により異なる／休みは店舗により異なる

OYOYや、祇園白川沿いの人気カフェ「お茶と酒たすき」の2号店やチョコレートショップなど、商業ゾーンには注目の店舗がずらり。また、エースホテル内のレストランは、ルーフトップバーを備えるイタリアンや、広々と開放的なメキシコ料理店など、贅沢な空間。お手頃なランチも揃うのでカジュアルに利用できるのもうれしい。

145　Photo：©Forward Stroke inc.

雰囲気に酔う 味のある酒場でひとり呑み

地元客に愛される酒場で自分だけのお酒時間を楽しんでみよう

割烹級の料理が揃う
西陣のいぶし銀酒場

170
神馬

昭和初期に創業し、西陣の旦那衆にも愛されてきた老舗。夏は鱧、冬はカニなど厳選された食材を端正な料理に仕立てる。オリジナルのブレンド日本酒と共にじっくり堪能して。

鯨ベーコン（日新丸）1600円などの珍味も

（西陣）しんめ
☎075-461-3635〈予約可〉
30席
京都市上京区千本通中立売上ル西側玉屋38／17:00〜21:30／日曜休／市バス千本中立売からすぐ

すっぽん鍋
1400円(小)

路地に佇む
ツウが通う小鍋店

171
小鍋屋 いさきち

季節の食材を生かした種類豊富な鍋が揃う。ゆばなべ1650円や鶏と九条ネギの鍋1944円などの鍋料理のほか、カウンターには10種類以上のおばんざいもスタンバイする。

アットホームでこぢんまりとした空間も魅力

（祇園）こなべや いさきち
☎075-531-8803〈予約可〉 24席
京都市東山区祇園花見小路新橋西入ル巽小路上ル／18:00〜翌3:00／日曜、祝日／京阪祇園四条駅9番出口から徒歩5分

＼ 名物ゆばなべ ／

京都の家庭の味が並ぶ
地元客に愛される酒場

172
太郎屋

地元の人から観光客まで訪れる四条烏丸の人気店。定番と日替わりのおかずは約80種類で、その中からカウンターに10種類ほどが並ぶ。リーズナブルに楽しめるのも魅力。

青菜の胡麻和え440円など、野菜のおかずも充実

\ にしんと茄子の
たいたん610円 /

（四条烏丸） たろうや
☎075-213-3987〈予約可〉　24席
京都市中京区新町通四条上ル観音堂町473／17:00～22:00／不定休／地下鉄四条駅24番出口から徒歩5分

昼飲みの聖地で
相席を楽しもう

173
京極スタンド

老若男女を受け入れる大衆食堂＆酒場。昭和初期の創業時から変わらぬレトロな空間で、肴から定食、洋食などと幅広いメニューを提供。すべて相席なのでひとりでも寂しくない。

大理石の長テーブルにはひとり客も多数

\ ハムカツ570円 /

夜ごはん

（新京極） きょうごくスタンド
☎075-221-4156〈予約不可〉　40席
京都市中京区新京極通四条上ル／12:00～21:00／火曜休／阪急京都河原町駅9番出口からすぐ

二軒目はサクッと おしゃれ立ち呑み
女性ひとりでも絵になるスタイリッシュなスタンドへ！

熱々のパニーニは軽いシメにも！

174 BANCO

木屋町通にある、イタリア語で「カウンター」という名のスタンディングバー。グラスワインは500円〜で気軽に立ち寄るのにぴったり。フードはさまざまな具材の中から好きなものを挟めるパニーニが名物だ。気さくなスタッフのおしゃべりと共に楽しんで。

\ メニューは黒板に /

1. 組み合わせ自由なパニーニは600円〜 **2.** スタンディングで気軽に楽しめる **3.** ワインのほか、カクテル700円〜などもある

（木屋町）バンコ
☎非公開〈予約不可〉 🈚なし〈スタンディングのみ〉
京都市中京区材木町188-3 光ビル1F西側／18:00〜翌3:00／月曜休（祝日の場合は営業、翌日休）／市バス河原町三条から徒歩3分

衝撃のビジュアルと味の完成度に驚く一杯

175 nokishita711 Gin and cocktail labo.

最近話題のクラフトジンを使ったカクテルやボタニカルカクテルを味わえるバー。中にはなんと和風のだしを使ったカクテルも！アートのような空間や調度品に囲まれてお酒を楽しんでいると、まるで異空間にトリップしたような気分に浸れる。

\ いろいろ漬けてます /

1. 鉢植えのようなカクテル・SOIL&PIMP SESSIONS1200円は、複数の植物を漬け込んだジンがベース **2.** 独創的な品揃え **3.** 多彩なクラフトジンが並ぶ

木屋町　ノキシタセブンイレブン ジン アンド カクテル ラボ
☎075-741-6564〈予約不可〉　🈁なし（スタンディングのみ）

京都市下京区 船頭町235／18:00～24:00／無休／阪急京都河原町駅1B番出口から徒歩3分

夜ごはん

149

飲めなくても楽しい！ 非日常のBarタイム

ちょっぴりディープな京都の夜を楽しむならこのバーの扉を開けて

176

L'ESCAMOTEUR BAR

店名は古いフランス語で「魔法使い」の意味。店内のあちこちに、マジシャンとして世界中を巡ったフランス人店主のクリストフさんが仕掛けた魔法がちりばめられている。クラシカルなレシピのカクテルから、スモークや炎を操りながら作るマジカルなカクテルまでが多彩にスタンバイ。

1. 煙に包まれたカクテル SMOKY OLD FASHION 1500円　**2.** 京都産のジンや抹茶を使う KYOTO GARDENS 1500円

木屋町　レスカモトゥール バー
☎075-708-8511〈予約不可〉　🪑10席
京都市下京区西石垣通四条下ル斎藤町138-9／20:00〜翌2:00（LO翌1:30）／月曜休、ほか不定休あり／阪急京都河原町駅1-B番出口から徒歩3分

マジシャン店主が待つ
扉の奥の魔法空間

店は築100年ほどのビルの2階にあり、隠れ家感がたっぷり！

只今流行中！ 一期一会の クラフトビール

国内のブルワリーで造られた個性派ビールを味わうならココ！

築100年を超える町家で昼から乾杯！

177 SPRING VALLEY BREWERY KYOTO

クラフトビールの醸造所を併設するレストラン。定番の6種類のほか、ここでしか楽しめない限定醸造品や果汁・スパイスを使ったクラフトビールも提供している。ビールとの相性のよい京都の食材を使用したフードメニューも豊富に取り揃えている。

\ 色とりどり！ /

6種類のビールとそれぞれに合うおつまみがセットになったペアリングセット2300円

〔河原町〕 スプリング バレー ブルワリー キョウト
☎075-231-4960 〈予約可〉 🪑134席
京都市中京区富小路錦小路上ル高宮町587-2／11:30〜LO22:00
（土曜は11:00〜、日曜・祝日は11:00〜LO21:00）／無休／阪急
京都河原町駅12番出口から徒歩3分

新しい味に出合える草分け的存在の1軒

178 BUNGALOW

京都でいち早くクラフトビールに着眼し、店主が厳選した日本各地から常時10種以上を揃える。自家製ソーセージやポテサラ、炭火焼きなどビールに合うフードも充実。1階は開放的なスタンディング、2階はテーブル席でゆったりと過ごせるなど使い勝手も◎。

\ レアな品種も登場 /

クラフトビール300ml 700円。とろ〜り半熟卵がのったポテトサラダ500円は定番人気メニュー

 バンガロー

☎075-256-8205〈予約可〉 25席

京都市下京区四条堀川東入ル柏屋町15／12:00〜22:00／日曜休／阪急大宮駅2-A番出口から徒歩4分

夜ごはん

日本酒にアテ、極楽への片道切符

店主えりぬきの日本酒と気の利いたアテがあればそれで幸せ！

初心者からマニアまで
広く歓迎の日本酒バル

1. カウンター、テーブル、スタンディングと多様な席を用意 **2.** 日本酒はグラス495円～。ブルーチーズ入りの湯葉ピザ540円など **3.** 一升瓶を見ながら今日の1本を選べる

（河原町）
ますやさけてん

☎075-256-0221〈予約可〉　🪑26席

京都市中京区御幸町通四条上ル大日町426／17:00～23:30（LO）、土・日曜、祝日は12:00～／月1回不定休／阪急京都河原町駅9番出口からすぐ

179
益や酒店

京都や滋賀、奈良を中心に全国の地酒を集め、その日のおすすめを一升瓶ごと壁にディスプレイ。幅広い味わいが揃っているので、きっと好みの味に出会える。おばんざいや珍味などのアテにも定評あり。

笑顔がすてきな店主・ポッキーさん

朗らかな店主が待つ
商店街の癒し系酒場

180
日本酒バル ポキ家

店主自ら全国の酒蔵に足を運んで入手した日本酒が自慢。小さな蔵の希少な酒が入ることも。軽妙なトークと合わせていただくと味わいアップ。

(堀川商店街)
にほんしゅバル
ポキや

☎075-414-1717〈予約可〉 🍴20席
京都市上京区桝屋町28 出水団地115号／18:00～23:00(日曜は不定期で昼飲みも営業)／不定休／市バス堀川下立売からすぐ

なめろう
人気です

日本酒450円～
(グラス)、ポテトサラダ450円など

木屋町の路地奥にある
コアな日本酒専門店

181
日本酒BAR あさくら

路地奥の2階という隠れ家的な空間。酒単体で美味しく味わえるものを、と揃える在庫は100種以上。セレクトは店主に相談するのがベストだ。

博識な店主に委ねて新たな味と出合おう

(京都市役所前)
にほんしゅバー
あさくら

☎075-212-4417〈予約可〉 🍴11席
京都市中京区上大阪町518-2 大久ビル2F／19:00～翌1:00／月曜休／地下鉄京都市役所前駅1番出口からすぐ

＼レアなお酒も多々あり／

初めてなら利き酒セット1650円～で好みの味を探ってみるのも手

夜ごはん

和食とワインの絶妙マリアージュ

プロが選んだワインと和食の相性のよさに開眼！

幅広い料理に合う 300種の日本ワイン

2. 1.

182 澄吉(すみよし)

「京都 両川」の姉妹店で、セラーには国内のワイナリーから集めた精鋭の日本ワインがずらり。グラスでも常時10種が揃うので、飲み比べて好みの味を見つけることができる。気取りのない和食をベースに、洋食や中華のテイストも加えた料理の多彩さも魅力だ。

＼銘柄は常時入替／

3.

1. 姫路おでん860円と和牛もつ串1本430円 2. 相性のよいワインを尋ねてみて 3. ワインはグラス740円～

烏丸御池 すみよし
☎075-212-3800〈予約可〉 🪑22席
京都市中京区押小路通室町西入ル蛸薬師町291-3／11:30～13:30、18:00～23:00（土・日曜は16:00～23:00の夜のみ営業）／月曜休／地下鉄烏丸御池駅2番出口から徒歩8分

156

新味なペアリングを有名ソムリエが提唱

183
ワインと和食 みくり

オーナーは錚々たる経歴をもつマスターソムリエの西別当選さん。京料理ベースの和食と、ワインのペアリングを楽しめる。おまかせコース1万2000円〜1万1000円のほか、21時以降はバー対応にて単品の注文も可能。ワインはグラス20種、ボトル300種が揃う。

＼選ばれし／
ボトル！

1. おまかせコースより
2.3. 1階のカウンター席
4. お造りとのペアリングはシャトー デスクラン ロック・エンジェル

木屋町　ワインとわしょく みくり
☏075-744-6774〈予約可〉 20席
京都市中京区木屋町通二条東入ル東生洲町38-1／18:00〜24:00／月曜休／地下鉄京都市役所前駅3番出口から徒歩3分

夜ごはん

3軒目のお決まり、京都の新旧〆麺見参

もう一杯飲みたい、いや食べたい！というときに目指したい4杯

一度食べれば
ヤミツキに！
京のこってり味

話題の一軒は
看板も店名も
一切なし！

ラーメン（味玉・チャーシューのせ）　1050円

こってりラーメン（並）　770円

185
※店名なし

三条通の1本北にある姉小路通を木屋町通から西へ向かう橋のたもと。ビルの外階段の奥にランプが灯っていたら「営業中」の証という幻の店。意外なほどにスタイリッシュな空間で、自家製麺のラーメンとつけ麺が味わえる。溶岩で炙るチャーシューや味玉などの脇役も驚きの旨さだ。

184
天下一品 総本店

通称「天一」として全国で親しまれているラーメン店の総本店。ファンの間では聖地と呼ばれる人気店だ。鶏ガラや野菜をベースにしたこってり味のスープがほどよく絡む中細麺と、アクセントの青ネギのバランスが絶妙。卓上にあるピリ辛のニラを途中で加えると味の変化も楽しめる。

〔 木屋町 〕

☎非公開〈予約不可〉　🪑12席

京都市中京区恵美須町534-31 CEO木屋町ビルB1F／11:30～14:50、18:00～21:50（土・日曜・祝日は～20:50）／不定休※入口のライトが点灯していれば営業中／地下鉄京都市役所前駅1番出口から徒歩3分

　　※メニューは変更する場合あり

〔 一乗寺 〕
てんかいっぴん
そうほんてん

☎075-722-0955〈予約不可〉　🪑38席

京都市左京区一乗寺築田町94 メゾン白川1F／11:00～24:00／無休／叡電茶山駅から徒歩10分

CARD

158

京都人の深夜の胃袋を満たし続ける

木屋町の〆として新定番になったカレーうどん

カレーうどん 600円

べんけいうどん 950円

187
G麺

自家製の麺と香り高いだしを使ったうどんや、丼、鉄板焼きなどを朝7時まで味わえる深夜のオアシス。名物のカレーうどんはぼってりとしてほどよくスパイシーなスープが細めのうどんに絡む絶妙なマッチング。〆で頼んだつもりが、思わずビールがほしくなるかも!?

186
辨慶 東山店

西京極に本店がある気軽なうどん店。五条大橋のたもとにある東山店は23時まで営業しているので、木屋町や祇園で飲んだ帰りに立ち寄りやすい。名物のべんけいうどんは、濃いめのだしを張ったうどんに牛肉、甘きつね、ピリ辛のきんぴらをトッピングするのが特徴。カレーうどんも人気。

〔 木屋町 〕
ジーめん

☎075-213-1840 〈予約要相談〉 🪑6席

京都市下京区木屋町通四条上ル下樵町202-1 東木屋町ビル1F／20:00〜翌7:00／無休／阪急京都河原町駅1-A番出口から徒歩3分

〔 五条 〕
べんけい
ひがしやまてん

☎075-533-0441 〈予約不可〉 🪑18席

京都市東山区五条大橋東入ル東橋詰町30-3／11:30〜23:00（LO）／日曜休／京阪清水五条駅4番出口から徒歩1分

あの名作に登場する京都グルメ　Vol.2 小説編

川端康成『古都』
×
大市の"○鍋"

各界の著名人をうならせた
滋味深いすっぽん鍋

川端康成

の代表作の一つであり、ノーベル文学賞の受賞対象作にもなった名作。呉服問屋の娘である千重子と、生き別れの姉妹である苗子の運命を物語の主軸としながら、作中には、祇園祭や葵祭、五山の送り火といった京都の年中行事が数多く登場する。京都ならではの風習や四季折々の美しい景色、さらには実在の店なども多数描かれており、その一つが、すっぽん料理の大市だ。元禄年間に創業した大市は、18代に渡りすっぽん料理一筋で営業を続ける老舗。政界や財界など、各界を代表する著名人の客も多く、その名は海外にまで知られているほどだ。料理はすっぽんの○鍋（まるなべ）コースのみで、使い込まれた土鍋は1600度以上の高温で熱して調理。客に熱々を楽しんでもらうため、二度に分けて提供するのがこちらのスタイルだ。

©川端康成／新潮社

STORY：京都を舞台に、生き別れになった双子の姉妹の運命を描いた長編小説。京都の名所や行事なども数多く盛り込まれている。

西陣　だいいち

☎075-461-1775〈要予約〉　46席

京都市上京区下長者町通千本西入ル六番町／12:00〜最終入店12:30（最終入店）、17:00〜17:30（最終入店）、19:00〜19:30（最終入店）／火曜休／市バス千本出水から徒歩2分

160

甘党おいでやす。

ホットケーキ
抹茶スイーツ／あんこ
わらび餅／京菓子
パフェ／ショコラ
…等々

189
→
256

長く愛される3時のおやつ ホットケーキ

シンプルだけど、味わい深い。老若男女に愛される定番おやつ

昭和の大スターが愛した懐かしスイーツ

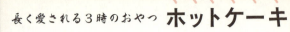

189 スマート珈琲店

1932（昭和7）年の創業以来、手間をかけて作られたメニューが魅力のレトロ喫茶。1枚ずつ丁寧に鉄板で焼き上げる、ふっくら食感のホットケーキは、昭和の歌姫・美空ひばりさんも好んで注文していたそう。ランチタイムには、2階で本格的な洋食のランチ1200円〜も。

\特製の缶にも注目/

ホットケーキ700円と懐かしい味わいのミルクセーキ600円。自家焙煎コーヒー550円も定番

（寺町） スマートこーひーてん
☎075-231-6547〈予約不可〉 🪑30席
京都市中京区寺町通三条上ル天性寺前町537／8:00〜19:00、2Fのランチは11:00〜14:30（LO）／無休（ランチは火曜休）／地下鉄京都市役所前駅5番出口から徒歩2分

162

あまいシロップが包み込む
伝統のホットケーキ

190 喫茶静香

花街・上七軒のほど近くで、元芸妓さんが1937(昭和12)年に創業。店内には、ベロアの椅子や蓄音機などの調度品が配されている。ホットケーキは、すっきりとした味わいのコーヒーとの相性抜群。大ぶりのフルーツ入りの謹製フルーツサンド700円も人気だ。

\ フルーツサンドも /

お財布にもやさしいホットケーキ450円。コーヒー450円は、砂糖・クリーム入りもおすすめ

(北野天満宮) きっさしずか
☎075-461-5323〈予約可〉 34席
京都市上京区今出川通千本西入ル南上善寺町164／10:00〜16:00／水曜、月2回火曜休(25日は営業)／市バス千本今出川からすぐ

おやつ

老舗カフェの殿堂メニュー

「あのスイーツを食べに」わざわざ訪れる定番のメニュー

191 喫茶ソワレ

1948(昭和23)年の創業以来、多くの人を魅了し続けるゼリーポンチ。開店2〜3時間で売り切れになることもあるという人気メニューで、シュワッと弾けるレモン風味のソーダ水に宝石のようなゼリーが浮かぶ。幻想的なブルーライトに照らされながら、ゆらゆらと揺れるフルーツゼリーがなんとも儚いと、若い女性客から昔からの常連客までこぞって注文する。随所に見られる彫刻やステンドグラスなどノスタルジックな空間も一緒に楽しみたい。

\ ショップカード /

ゼリーポンチ750円には、味のアクセントにキウイやさくらんぼが入る。ゼリーヨーグルト750円も人気

(河原町)
きっさソワレ
☎075-221-0351〈予約不可〉
🍽56席
京都市下京区西木屋町通四条上ル真町95／13:00〜19:30(LO18:30)／月曜休(祝日の場合は翌日休)／阪急京都河原町駅1番出口からすぐ

ソーダの海に揺れる
5色のゼリー

濃厚バターが広がる
フランス仕込みのタルトタタン

\ 店内のしつらいも素敵 /

1. リンゴの甘みが絶妙にマッチするヨーグルトかけが味わえるのはイートインのみ **2. 3.** メニュー表もキュート

192 | La Voiture

大正生まれの先代が本場フランスで味わい、その味に感動し、試行錯誤で作り上げたタルトタタン793円が名物の人気カフェ。約50年受け継がれるタルトタタンには、1ホールにつき20個以上のリンゴを使用している。たっぷりのバターで煮詰めているため、一口食べると、濃厚なバターの芳醇な香りとリンゴの甘さがふわっと口の中に広がる。ヨーグルトの酸味との相性も抜群。キャラメルとクルミのタルト580円も隠れた人気メニューだ。

（岡崎）**ラ ヴァチュール**

☎075-751-0591 〈予約不可〉 24席

京都市左京区聖護院円頓美町47-5／11:00〜18:00(LO17:30)／月曜休／市バス熊野神社前から徒歩5分

おやつ

レトロな洋館カフェで夢心地…

京の街になじんだ趣ある建物を愛でながら、至福のカフェタイムを

京町家の骨組みを生かしつつヨーロッパ調の意匠も取り入れた建物

193 フランソア喫茶室

1934（昭和9）年創業で、京都はもとより日本の文化や芸術の成熟を支えたサロン的な役割も。在りし日の藤田嗣治や宇野重吉などの著名人も時を過ごした空間は、国の登録有形文化財に指定されている。店内は豪華客船をイメージし、ドーム型の天井やステンドグラスをあしらった窓、モナ・リザの複製などの名画が重厚な趣を醸す。女性スタッフの清楚な制服姿やBGMのクラシック音楽も建物の雰囲気にマッチ。古き良き時代に思いを馳せながら過ごして。

タイムスリップ気分で過ごせるレトロ空間

美しく使い込まれた調度品や飴色の床が、時の流れを感じさせる

おやつ

（河原町） フランソアきっさしつ
☎075-351-4042〈予約不可〉
🪑84席

京都市下京区西木屋町通四条下ル船頭町184／10:00～22:30(LO22:00)／夏季、年末年始休／阪急京都河原町駅1番出口から徒歩すぐ

1. メニューにもレトロなイラストが描かれている
2. 爽やかな酸味が特徴の名物レアチーズケーキはコーヒーとセットで1250円

いま行きたい、茶筒の老舗のカフェ

長年茶筒を作り続ける開化堂がオシャレなカフェをオープン

あの老舗がプロデュース
京都の伝統工芸が集結した場所

194
Kaikado Café

1875（明治8）年創業の茶筒の老舗・開化堂が2016年に開業。市電の車庫兼事務所として使われていたレトロな建物を改装し、店内の随所に開化堂をはじめとする京都の美しい工芸品を配す。コーヒーは朝日焼のカップ&ソーサー、チーズケーキは中川木工芸の菓子皿で提供している。

＼ スタイリッシュ！ ／

東京・中川ワニ珈琲の豆を使用したKaikadoブレンドとKaikadoチーズケーキのセット 1350円

（七条）
カイカドウ カフェ
☎075-353-5668 〈予約不可〉 🪑35席
京都市下京区河原町通七条上ル住吉町352／11:00～18:30(LO18:00)／木曜、第1水曜休／市バス七条河原町からすぐ

おやつ

169

甘味処「うめぞの」が続々新店オープン

地元で愛される甘味処「梅園」。伝統を守りつつ、新しいことにも挑戦

創業以来甘味一筋
みたらし団子の梅園

195
梅園 河原町店

1927（昭和2）年に団子屋として創業。名物のみたらし団子3本280円は、こんがり焼いた俵型。たっぷりと絡める秘伝のタレは、創業以来変わらぬ味を守り続けている。

（河原町）うめぞの かわらまちてん
☎075-221-5017〈予約不可〉 25席
京都市中京区河原町三条下ル山崎町234-4／10:30〜19:30（LO19:20）／無休／市バス河原町三条からすぐ

テイクアウトもOK！
街中立地で便利な甘味処

みたらし団子と小さいパフェ950円。あんの花束1箱3個入り750円も人気

196
甘党茶屋 梅園 三条寺町店

みたらし団子にプラスして、洋風の餡を花束のように包んだ「あんの花束」など和洋を組み合わせたスイーツを提供。

（寺町）
あまとうちゃや うめぞの さんじょう てらまちてん

☎075-211-1235〈予約不可〉 43席

京都市中京区天性寺前町526／10:30～19:30（LO19:20）／無休／地下鉄京都市役所前駅5番出口から徒歩5分

197
うめぞの茶房

コロンとしたフォルムがかわいいと評判の「かざり羹」は、わらび粉や寒天、蓮根粉などを流し固めた生地に果物や生クリームなどを添えたもの。

（西陣）
うめぞのさぼう

☎075-432-5088〈予約不可〉
13席

京都市北区紫野東藤ノ森町11-1／11:00～18:30（LO18:00）／不定休／市バス大徳寺前から徒歩5分

これぞ次世代の京甘味
乙女心をくすぐる新定番

かざり羹はレモン1個350円～など常時8～10種類が揃う。テイクアウト可。ラッピングも◎

おやつ

月替わりの ぷるぷる寒天を求めて

和菓子の老舗で出合える月ごとのお楽しみ！

ふるりと揺れる寒天に季節の味を重ねて

5月に登場する抹茶の琥珀流し750円は濃厚な煉り抹茶をあしらう

1. 町家を利用した洗練の空間で味わえる。週末や観光シーズンは行列も 2. 名物・カステラの看板 3. ショップでは季節の京菓子やカステラなどを販売

198
大極殿本舗六角店
甘味処 栖園

1885(明治18)年創業の和菓子店「大極殿本舗」に併設された甘味処。名物は、なめらかでみずみずしい糸寒天に旬の素材を使った自家製の蜜をかける琥珀流し。月ごとに味が変わり、3月は甘酒、4月は桜花、7月はペパーミント、10月は栗…というように季節感を堪能できるフレーバーが登場する。食べるのがもったいないほどの美しいビジュアルと口の中で儚くほどける繊細な食感にうっとり。ほかにも、わらび餅やぜんざい、かき氷(夏季)といった甘味が揃う。

(烏丸御池) だいごくでんほんぽろっかくみせ あまみどころ せいえん
☎075-221-3311〈予約不可〉 🪑20席

京都市中京区六角通高倉東入ル堀之上町120／10:00〜17:00、販売は9:30〜18:30／水曜休／地下鉄四条駅16番出口から徒歩7分

おやつ

奥深い茶の旨みを感じる 抹茶スイーツに溺れる

抹茶の本場ならではのバリエーションに富んだ品揃えが魅力

宇治茶の老舗が作る豪華な抹茶パフェ

199
辻利兵衛 本店

1860(万延元)年に茶問屋として創業。宇治抹茶ばふぇ 宇治誉れ1760円は、濃茶の生ソフトや寒天ゼリー、抹茶シフォン、碾茶のジュレなど12種類もの素材が味わえる。

（宇治）つじりへえ ほんてん
☎0774-29-9021〈予約可〉 🪑52席

宇治市宇治若森41／10:00〜18:00（LO17:00）／火曜休／JR宇治駅2番出口から徒歩5分

174

老舗料亭の粋を感じるサロン空間

1.無碍山房濃い抹茶パフェ 1300円 2.特等席はカウンター。春には庭園に美しい桜が咲く

200
無碍山房
Salon de Muge

創業100年を超える料亭・菊乃井が手掛ける茶房。抹茶パフェやわらび餅など、3代目店主の村田吉弘さんによる料亭仕込みの本格和スイーツが揃う。極上の空間も堪能したい。

（祇園）

むげさんぼう
サロン ド ムゲ

☎075-744-6260（予約専用075-561-0015）
〈予約可〉 34席

京都市東山区下河原通高台寺北門前鷲尾町524／時雨弁当11:30〜13:30（最終入店12:15）、喫茶・和甘味14:00〜LO17:00／第1・3火曜休／市バス東山安井から徒歩10分

上質な素材を使ったあんみつが定番人気

おやつ

1.抹茶あんみつ990円。素材のバランスや量がほどよく何度でも食べたくなる 2.店内は和風の落ち着いた空間

201
伊藤久右衛門 本店・茶房

1832（天保3）年創業の茶舗。銘茶の販売に加え、宇治抹茶のスイーツも多数揃える。風味豊かな抹茶ゼリーやなめらかな白玉に上品な甘さの餡を添えたあんみつは必食だ。

（宇治） いとうきゅうえもん ほんてん・さぼう

☎0774-23-3955 〈予約不可〉 62席

宇治市菟道荒槇19-3／10:00〜18:30（LO18:00）／無休／京阪宇治駅から徒歩5分

SNS映えする、フォトジェニックな 抹茶スイーツ

食べてしまうのがもったいないほどかわいいビジュアル大集合！

**季節の素材を味わう
抹茶チョコフォンデュ**

（祇園）
きょうようがしつかさ
ジュヴァンセルぎおんてん

☎075-551-1511〈予約不可〉 25席

京都市東山区八坂鳥居前南入ル清井町482／10:00〜18:00（LO17:30）／不定休／市バス祇園から徒歩5分

202
京洋菓子司
ジュヴァンセル祇園店

和の素材を使ったオリジナリティあふれる洋菓子の専門店。祇園店限定の祇園フォンデュ1540円は、宇治抹茶を使った温かいチョコレートソースに季節のフルーツやくず餅などを絡めて味わうスタイル。最後は抹茶ソースにホットミルクを注いで抹茶ミルクとして楽しめるのが嬉しい。

176

海外から逆輸入された
なめらかティラミス

203
MACCHA HOUSE
抹茶館

香港やシンガポールなど海外で人気を集める抹茶専門店。180年以上続く老舗茶舗「森半」の抹茶を使った宇治抹茶のティラミス649円は、マスカルポーネチーズのとろけるほどなめらかな生地に香り高い抹茶をたっぷりとかけた和洋折衷のスイーツ。

（河原町）　マッチャハウス マッチャカン
☎075-253-1540〈予約不可〉　24席
京都市中京区河原町通四条上ル米屋町382-2／11:00〜18:00（LO17:30）※来店前の確認がベター／無休／阪急京都河原町駅3-A出口から徒歩3分

高さはなんと7cm
ふわっと生どら焼き

204
朧八瑞雲堂

名物の生銅鑼焼345円は、手焼きの生地でふんわりクリームと餡をサンド。抹茶味はほどよいほろ苦さが餡の甘味にマッチ。予約不可で購入は1人1個の個数制限がかかる時もあり。午前中で売り切れることが多いので在庫は来店前に要確認。

（北大路）　おぼろやずいうんどう
☎075-491-6011〈予約不可〉　なし
京都市北区紫竹上竹殿町43-1／9:00〜18:00※売切れ次第終了／無休／市バス下竹殿町から徒歩3分

おやつ

コンプリートしたい！新旧あんこ食べ比べ

京の街で長く愛される名物も、個性が光る新顔も全部食べたい

205 かさぎ屋

1914(大正3)年創業。三色萩乃餅700円は最高級の小豆・丹波大納言を使ったつぶあんとこしあん、きな粉の3種。

（東山） かさぎや
☎075-561-9562〈予約可〉 20席
京都市東山区桝屋町349／11:00〜17:40／火曜休（祝日の場合は営業）／市バス清水道から徒歩7分

注文ごとに仕上げる昔ながらのおはぎ

最高級の小豆を使いおくどさんで炊いた餡

206 中村軒

名物の麦代餅(ひぎょ)290円は、つきたての餅でたっぷりの粒あんを包んだもの。シンプルに上質な素材の味を堪能できる。

（桂） なかむらけん
☎075-381-2650〈予約可※夏期は不可〉
なし
京都市西京区桂浅原町61／8:30〜17:30／水曜休／阪急桂駅から徒歩15分 ※2020年10月より変更。詳細は要問合わせ

---

207 今西軒

つぶ餡、こし餡、きな粉と3種類のおはぎ各200円は甘さ控えめで上品な味わい。持ち帰りのみで、予約可能。

（五条） いまにしけん
☎075-351-5825〈予約可〉 なし
京都市下京区五条通烏丸西入ル一筋目下ル横諏訪町312／9:30〜売切れ次第終了／火曜、第1・3・5月曜休（6〜8月は毎週月・火曜休）／地下鉄五条駅4番出口からすぐ

午前中に売り切れも！専門店の名物おはぎ

208 マルニカフェ

**大きなハネが嬉しい
あんこみっちりたい焼**

北海道産の小豆を使用した餡がしっぽの先まで詰まったたい焼400円に、生クリームやバターを添えるのが独創的。

（五条）
☎075-344-0155〈予約不可〉 40席
京都市下京区五条通新町西入ル西錺屋町25つくるビル202／11:30～18:30／月曜休、ほか不定休あり／地下鉄五条駅2番出口から徒歩3分

209 knot café

**名店の特製バンズに
餡とバターをサンド**

「ル・プチメック」のほの甘いパンに小豆の風味豊かな餡とバターを絶妙なバランスで挟むあんバターサンド363円。

（北野天満宮）ノットカフェ
☎075-496-5123〈予約不可〉 17席
京都市上京区今小路通七本松西入ル東今小路町758-1／10:00～18:00／火曜休(25日の場合は営業)／市バス上七軒から徒歩3分

**餡専門の老舗が作った
新感覚な餡スイーツ**

210 京都祇園 あのん 本店

（祇園）きょうとぎおん あのん ほんてん
☎075-551-8205〈予約不可〉 29席
京都市東山区清本町368-2／12:00～20:00（土曜は10:00～、日曜・祝日は10:00～18:00）／火曜休／市バス祇園からすぐ

あんまかろん各270円は、独特な食感のマカロン生地にこし餡や抹茶餡、塩キャラメルの餡などをサンドする新味。

祇園と言えばコレたべな、花街スイーツ

美味しいものが集まる祇園界隈はスイーツだって大充実！

丹波黒大豆のきな粉アイスがたっぷりと！

ベリーベリーきなな 1200円

なめらかな食感と抹茶風味が抜群な手作りのババロア

抹茶ババロアパフェ 1500円

212
祇園きなな

丹波産黒大豆のきな粉など天然素材で作るアイスの専門店。プレーンや小豆、黒みつなど6種のフレーバーが揃う。ベリーベリーきななには、プレーン、黒ごま、抹茶のアイスをオン。ラズベリーやブルーベリーの酸味と、アイスの下にあるヨーグルトのさっぱり感とのバランスが絶妙。

〈祇園〉
ぎおんきなな

☎075-525-8300〈予約不可〉 28席
京都市東山区祇園町南側570-119／11:00～19:00（LO18:30）／不定休／京阪祇園四条駅6番出口から徒歩8分

211
ぎをん小森

京町家の保存地区・新橋通にあり、白川の流れに隣接する甘味処。元お茶屋の風情ある建物で、手間を惜しまず作った和スイーツを提供する。抹茶ババロアパフェは、ふわりとエアリーなババロアをはじめ、抹茶＆バニラアイス、抹茶のケーキとゼリーが入ったなんとも贅沢な一品だ。

〈祇園〉
ぎをんこもり

☎075-561-0504〈予約不可〉 112席
京都市東山区新橋通大和大路東入ル元吉町61／11:00～19:30／水曜日（祝日の場合は営業）／市バス祇園から徒歩3分

レモン味のプリン抹茶アイスなど上品な甘味が満載

京都の四季を和洋素材で表現したスレンダーパフェ

恋する檸檬の抹茶パフェ　1330円

オリジナル抹茶パフェ「彩秋」　1230円

※写真はイメージ

214
家傳京飴 祇園小石

創業約80年の京飴専門店に併設された茶房でオリジナリティあふれる甘味を提供。恋する檸檬の抹茶パフェは、レモン風味のプリンに、香り高い抹茶のゼリーやアイス、クッキーなどを添えた和洋折衷パフェ。酸味が鮮烈なレモン蜜をかけると、さらに味の変化も楽しめる。

213
金の百合亭

オリジナルの抹茶パフェが人気を博すカフェ。練り切りなどの和菓子の素材を使って供される月替わりのパフェは、季節を感じられるキュートなビジュアル。抹茶プリンや、抹茶の自家製シフォンケーキなど、抹茶を心ゆくまで楽しめるのもうれしい。

（祇園）
かでんきょうあめ
ぎおんこいし

☎075-531-0331〈予約可〉　50席

京都市東山区祇園町北側286-2／10:30～19:00（LO18:00）※季節により延長あり／無休／京阪祇園四条駅7番出口から徒歩5分

（祇園）
きんのゆりてい

☎075-531-5922〈予約不可〉　19席

京都市東山区祇園町北側292-2 2F／11:00～LO17:30／水・木曜／市バス祇園から徒歩すぐ

おやつ

クリームソーダにひとめぼれ

レトロ系も進化系も、どちらもかわいさトップクラス

ゾウが乗った
カラフルソーダ

215 喫茶 ゾウ

愛知県の味噌蔵が手掛けるレトロな喫茶店。味噌を使用した、タコライスやキーマカレーなどフードメニューはさることながら、キュートなゾウがあしらわれた強炭酸のソーダが人気。あんバタートーストなど、京都限定のメニューにも注目したい。

\ レトロかわいい /

1. クリームソーダ（クッキー付）726円 **2.** 昔ながらのプリンアラモード 968円

（京都御苑） きっさゾウ
☎075-406-0245 〈予約不可〉 🪑18席
京都市上京区中立売通室町西入ル三丁町440-3／9:00〜LO 17:00／不定休／地下鉄今出川駅6番出口から徒歩12分

182

パステルカラーのお菓子がぷかり

1.2.センスのいい雑貨も販売している 3.木目調がベースの店内 4.おいりクリームソーダ600円

216 NOTTA CAFE

西院の路地にある古民家カフェ。ハンドドリップのコーヒーや自然栽培の野菜を使ったランチなど心のこもったメニューが好評。クリームソーダにもひと手間かけるのがこの店流で、香川県の伝統菓子「おいり」をアイスにトッピング。乙女の夢を形にしたような心ときめく一杯だ。

\ 栄養満点ですよ /

数量限定の日替わり玄米プレート1100円。玄米とおかず4〜5種類が並びヘルシーで満足感大！

（西院）ノッタカフェ
☎075-321-2558〈予約可〉 🪑12席

京都市右京区西院北矢掛町37／11:30〜20:00（水曜は〜21:00）／月曜休、不定休あり／阪急西院駅1番出口から徒歩5分

CARD（※物販のみ）

おやつ

もっちりもちもち、本わらび餅の誘惑

今では希少な本わらび粉を使った本格的な味を堪能!

和三盆を使った
上品な甘さが特徴

218
紫野和久傳 堺町店

料亭「和久傳」が営む甘味処。甘味は旬の食材や果実を用いて丁寧に手作り。通年、人気なのができたてわらび餅(抹茶付)1265円。国産の本わらび粉を使い、独特のもっちり感が絶妙だ。和三盆を惜しみなく使った黒蜜ときな粉を絡めて味わおう。

(烏丸御池)
むらさきのわくでん
さかいまちてん

☎075-223-3600 〈予約可〉 🪑30席

京都市中京区堺町通御池下ル東側／茶菓席13:00～16:30(土・日曜・祝日～17:30)、おもたせ10:00～19:00／無休／地下鉄烏丸御池駅3番出口から徒歩5分

賞味期限は20分!?
弾む食感に感嘆必至

217
茶寮宝泉

あずき処「宝泉堂」が手掛ける茶寮。美しい日本庭園に面した座敷で自慢の甘味を味わえる。注文ごとに15分ほどかけて作り上げるわらび餅1300円は、むっちりとした弾力を秘めつるりとした舌触りが独特。まずはそのまま、次に黒蜜をかけてどうぞ。

(下鴨)
さりょうほうせん

☎075-712-1270 〈予約可〉 🪑25席

京都市左京区下鴨西高木町25／10:00～16:30(LO)／水・木曜休／市バス下鴨東本町から徒歩3分

花街で人気を集める
とろ〜りわらび餅

220
ぎおん徳屋

祇園・花見小路に面した甘味処。選び抜いた天然素材を使うのがモットーで、徳屋の本わらびもち1250円にも国産の本わらび粉を使用。氷と共に供されるわらび餅はとろけるほどなめらかで、スッと喉を通る。好みできな粉や和三盆の黒蜜をかけて。

うっとりするほど
雅でやわらかな食感

219
遊形 サロン・ド・テ

世界的に名を知られる高級旅館「俵屋旅館」直営のサロン。元々は旅館でお迎え菓子として好評だったわらび餅2050円〜が味わえる。赤ちゃんのほっぺのようにきめ細かくやわらかなわらび餅にたっぷりのきな粉を絡めて味わうのは至福のひと時だ。

（祇園）
ぎおんとくや

☎075-561-5554〈予約不可〉 56席

京都市東山区祇園町南側570-127／12:00〜18:00（売切れ次第終了）／不定休／京阪祇園四条駅6番出口から徒歩6分

（京都市役所前）
ゆうけい
サロン・ド・テ

☎075-212-8883〈予約不可〉 13席

京都市中京区中白山町288-14／11:00〜18:00／火曜休／地下鉄京都市役所前駅8番出口から徒歩2分

おやつ

四季を表現！ 名店の京菓子

移りゆく京の四季を映した生菓子は極上の味わい

あの名店の生菓子を味わえる店はここだけ

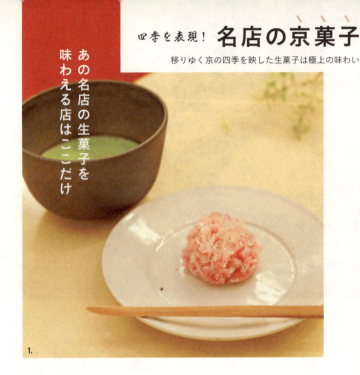

1.

221
Café DOnG by Sfera

洗練されたインテリアブランド・sferaが展開するカフェ。お茶席でも利用される予約制の京菓子店「嘯月」の上生菓子を、好きなお茶とセットで味わえる。繊細な作りゆえ遠方への持ち帰りは難しい「嘯月」の生菓子をイートインできるのは希少だ。スタイリッシュな空間で堪能して。

1.嘯月セット1300円。お茶は、抹茶、煎茶、ほうじ茶などを用意 2.店内には自社の家具を揃える

(祇園) カフェ・ドン バイ スフェラ
☎075-532-1070〈予約可〉 30席
京都市東山区弁財天町17 スフェラ・ビル／11:00〜19:00(LO18:30)
／水曜休／京阪祇園四条駅9番出口から徒歩4分

職人が目の前で作る
できたて生菓子に感動

1.

222 鶴屋吉信 菓遊茶屋

1803(享和3)年創業。伝統的な意匠を守りつつ、独創的な世界観を繰り広げる季節菓子に定評あり。本店の2階にある「菓遊茶屋」はカウンター席のみで、目の前で熟練の職人が生菓子を作り、できたてを抹茶と共に味わうことができる。職人との会話も楽しんで。

1. 季節の生菓子とお抹茶 1210円。生菓子は季節替わりの2種から1つ選べる
2. 全6席で予約は不可

(今出川) つるやよしのぶ かゆうぢゃや
☎075-441-0105 〈予約不可〉 6席

京都市上京区今出川通堀川西入ル／9:30〜18:00(LO17:30)／元日、水曜休、臨時休あり／市バス堀川今出川からすぐ

おやつ

進化を徹底調査!

《 DORAYAKI 》 《 SUHAMA 》

どらやき亥ノメ

老舗和菓子店で修業を積んだ店主によるどら焼き専門店。店内のカウンターで焼きたてのどら焼きを楽しむこともできる。どらやきセット880円はバターを挟むことも。

洲濱×COFFEE すはま屋

創業360年の洲濱の老舗「御洲浜司 植村義次」より、味と建物を受け継ぐカフェ。洲濱とは大豆と砂糖、水あめを練り上げて作る菓子。飲み物が選べる洲濱セット660円。

（西陣）
どらやきいノメ
☎非公開　🪑5席

（丸太町）すはま かける
コーヒー すはまや
☎075-744-0593
〈予約可〉🪑8席

京都市上京区紙屋川町1038-22／10:00〜17:00（喫茶は12:00〜15:30）／水・木曜休、毎月26日休（25日は営業）／嵐電北野白梅町駅から徒歩3分 ※2020年7月現在はイートイン休止中

京都市中京区丸太町通烏丸西入常真横町193／10:00〜18:00（喫茶は12:00〜）／日曜、祝日休（喫茶は水曜も定休）／地下鉄丸太町駅2番出口からすぐ

伝統と革新の菓子文化 和菓子の魅力を再発見

茶の湯とゆかりが深い京都で、切っても切り離せないのが和菓子。寺社や茶道家元などに出入りする店も数多く、そういった場で献上される菓子は「京菓子」ともよばれる。季節や行事に合わせて楽しむ伝統的な菓子から、芸術性に富んだ上生菓子まで、幅広い和菓子が生み出されてきた京都。職人たちによって受け継がれる伝統を大切に守りながら、素材も形も進化を遂げ、独自の菓子文化を育んできた。その精神は脈々と受け継がれ、新しい和菓子の楽しみ方や、現代のエッセンスを取り入れた創作和菓子は今も続々登場している。伝統菓子の洲濱を

188

伝統×革新のコラボ
温故知新な和菓子の

《 KAZARI KAN 》　《 NAMA TSUBARA 》

うめぞの茶房

レトロなショーケースに並ぶのは、ケーキのような見た目がかわいい「かざり羹」。わらび粉と寒天でつくる餡は口あたりなめらか。かざり羹（紅茶）380円。

西陣
うめぞのさぼう
☎075-432-5088
〈予約不可〉　🪑13席

京都市北区紫野東藤ノ森町11-1／11:00〜18:30（LO18:00）／不定休／市バス大徳寺前から徒歩5分

tubara cafe

京菓匠「鶴屋吉信」が手がける。工場直送のふわもち焼皮にマスカルポーネあんを挟んだ「生つばら」はカフェ限定の新感覚スイーツ。お好みの風味2種と飲み物のセット1188円〜。

西陣
ツバラカフェ
☎075-411-0118
〈予約不可、テイクアウトは予約可能〉

京都市上京区西船橋町340-5／11:30〜17:30／火曜、水曜休／市バス堀川今出川からすぐ

コーヒーと一緒に味わう「すはま屋」のスタイルは、まさに現代ならではの楽しみ方。美しいカフェの空間とともに、伝統菓子が現代によみがえり、洲濱を知らない人にもその魅力にも伝えている。焼きたての素朴なおいしさに、黒糖やラムレーズンバターを加えた「亥ノ目」のどら焼き、老舗の銘菓でありながら、白あんとマスカルポーネを合わせた「tubara cafe」の和菓子、クリームやフルーツを添えた洋菓子のような見た目が印象的な「うめぞの茶房」のかざり羹など、新たな和菓子の世界は、そのおいしさとともに広がるばかり。新しいおいしさや魅力を発見することは、和菓子の奥深さを改めて知る機会でもあるのだ。

宇治のお茶問屋による **本気の抹茶スイーツ**

贅沢な町家の空間で、お茶が持つ"力"を伝える

お茶の美味しさを凝縮
問屋ならではの抹茶菓子

アイスやチーズケーキなど5種を盛り合わせた、抹茶のデグリネゾン（飲み物付き）2600円

1. 落ち着いた雰囲気のソファ席 2. 特徴的なインテリアには問屋の茶箱を使用 3. 5種のお茶とお茶請けが付いた、茶詠み～お茶五種飲み比べ2800円

227 祇園 北川半兵衞

文久元年創業の抹茶問屋「北川半兵衞商店」が、祇園の中心に茶房をオープン。こちらの最大の目的は「お茶の魅力を伝えること」。ゆっくりお茶の美味しさを味わってもらえるようにと、町家をリノベーションした店内は、広々と贅沢な空間使いが印象的だ。お茶の飲み比べや上質な抹茶を惜しげもなく使った抹茶菓子、お茶とお菓子のペアリングなど、メニューはあくまでもお茶が主役。まろやかな甘みが際立った、お茶本来の味わいに思わず心もほぐれていく。

祇園 ぎおん きたがわはんべえ

☎075-205-0880【予約不可※11:00、18:00以降は可】 35席

京都市東山区祇園町南側570-188／11:00～22:00／無休／市バス祇園から徒歩5分

おやつ

乙女心をくすぐる、ワンランク上の 贅沢パフェ

上質な素材を惜しみなくグラスに閉じ込めた幸せの一杯！

228 吉祥菓寮 祇園本店

節分用の煎り豆専門店として1934年に創業。こちらのショップでは、パティスリーとカフェを併設。きな粉や抹茶といった和の素材を使ったスイーツやだし茶漬けなどの軽食が味わえる。和と洋のテイストをミックスした焦がしきな粉パフェは、アイス、ゼリー、ブラマンジェ、メレンゲなどが8層になり、てっぺんには香ばしい焦がしきな粉がたっぷりとオン。別添えの追いきな粉や黒蜜をかけるとさらに味わいの変化も楽しめる。洗練されたルックスも好評。

8層に重ねた素材が夢見心地の美味を生む

1.

1. 焦がしきな粉パフェ1210円は通年提供メニュー 2. 本わらび餅1100円はテイクアウトもOK

2.

東山 きっしょうかりょう ぎおんほんてん
☎075-708-5608〈予約不可〉 24席
京都市東山区古門前通東大路東入ル石橋町306／11:00〜19:00、販売は10:00〜／無休／市バス知恩院前からすぐ

229
SUGiTORA

オーナーパティシエの杉田さんはパティスリー技術の世界大会で銀メダルを獲得した経歴もある実力派。そのテクニックを詰め込んだ芸術的なパフェはビジュアルも味も唯一無二だ。看板メニューのショコラパフェは、濃厚なチョコ味、ブラッドオレンジ風味のオランジュ・サンギーヌと3種類のジェラートに、パリッとした食感のキャラメルショコラやブラウニーなどを添える。1つずつの素材が丁寧に作られ、綿密に計算された味のバランスが絶妙だ。

まるでアート!?
見て、食べて感動必至

1. ショコラパフェ1595円 **2.** 全8種から選べるジェラート ダブル(カップ)500円

（河原町）スギトラ

☎075-741-8290 〈予約不可〉 🪑10席

京都市中京区中筋町499-15／13:00〜18:00(LO)土・日曜19:00(LO)／火曜休、不定休あり／阪急京都河原町駅9番出口から徒歩5分

おやつ

老舗喫茶イノダコーヒのパティスリー

コーヒーとの相性は文句なし！あの名店のケーキをテイクアウトしよう

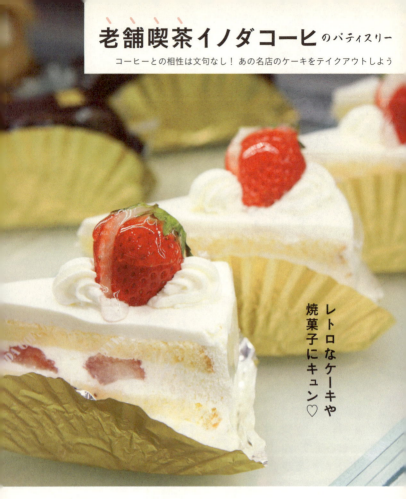

レトロなケーキや焼菓子にキュン♡

230 ケーキ工房ケテル

「京都の朝はイノダから」でおなじみ、創業80年の老舗喫茶店イノダコーヒ。店の名物はもちろんコーヒーだが、その隣を彩るケーキにもファンは多い。イノダコーヒのケーキは、歴史あるドイツ流のレシピを守ったもので、そのどれもがどこか懐かしい味わい。濃厚なザッハトルテをはじめ、ショートケーキやチーズケーキなど、ショーケースにずらりと並ぶレトロな見た目にも、思わず乙女心をくすぐられる。生ケーキのほかの焼菓子も充実のラインナップだ。

194

おやつ

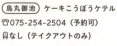

(烏丸御池) ケーキこうぼうケテル
☎075-254-2504〈予約可〉
なし（テイクアウトのみ）

京都市中京区六角通高倉東入ル堀之上町128／11:00〜18:00／水曜休／地下鉄烏丸御池駅5番出口から徒歩10分

1. ショートケーキから正統ドイツ菓子まで多彩 2. 手土産やおやつにぴったりの焼菓子も充実 3. 季節により種類も変わる 4. ザッハトルテ 530円はウィーン風の本格派

195

めくるめく アシェットデセールの世界へ

「皿盛りのデザート」を意味する、華麗なスイーツを堪能

京食材が重なり合う夢のマリアージュ

231 西洋茶屋 山本

フランスや神戸の人気パティスリーで腕を磨いた店主の山本さん。ソムリエの資格も持ち、京都の食材を使ったデザートと、ワインのペアリングを楽しめる。メニューはデザートのフルコースのみ。最後までおいしく堪能できるよう、酸味や塩味など味付けにも工夫が光る。

一皿ごとにペアリングワインをセレクトしてくれる全4皿のデザートコース 2200円

(京都駅) せいようぢゃややまもと
☎080-7744-0631〈予約可〉 6席

京都市下京区歓喜寺町19-1／13:00、15:00、18:00からの一斉スタート※前日までに要予約／水・木曜休／JR梅小路京都西駅から徒歩2分

ライブ感満載の
パフォーマンス

※写真はイメージ

スペシャリテのアッサンブラージュAなど、美しく装飾されたケーキが並ぶ。写真はイメージ

232 ASSEMBLAGES KAKIMOTO

国内外の多くの大会で成績を残す実力派シェフ・垣本晃宏さんの店。レストランのように洗練されたカウンターで、ライブ感たっぷりのサーブを楽しめる。テ・ベール2000円は、枯山水をイメージした菓子入りの器を主軸に、さまざまな仕掛けが用意された人気メニュー。

(御所南) アッサンブラージュ カキモト

☎075-202-1351〈予約不可※ケーキやデセールの取置きは可〉 10席

京都市中京区松本町587-5／12:00〜17:00、販売は〜19:00／火曜、第2・4水曜休、不定休あり／市バス裁判所前から徒歩5分

おやつ

アフタヌーンティーも京都スタイルで

美しい川べりでゆっくりティータイム。スイーツも京都っぽさ全開

雄大な嵐山を独り占め
充実した午後のひと時

233
茶寮 八翠

海外ホテルブランド「ラグジュアリーコレクションホテル」内にあるカフェ。翡翠色に輝く保津川の水面と山々が調和した景色を、テラス席や店内から楽しめる。上生菓子やスープなど10種類前後の滋味を味わえる和のアフタヌーンティーセット4620円(サ別)は、要予約の人気メニュー。

\和洋の斬新コラボ/

1.

2.

1.和洋折衷の多彩なメニューは2カ月ごとに内容が変わる **2.**老舗京都和菓子司とのコラボスイーツも楽しめる

(嵐山)
さりょう はっすい
☎075-872-1222〈要予約〉 42席
京都市右京区嵯峨天龍寺芒ノ馬場町12 翠嵐ラグジュアリーコレクションホテル京都敷地内／11:00〜17:00／無休／嵐電嵐山駅から徒歩6分

おやつ

京都のショコラ熱はまだまだ加速中

最先端のショコラにもどこか古都の風情を感じさせるのが京都流！

舞妓さんにちなんだ
かわいいエクレア

235
マールブランシュ
加加阿365
祇園店

人気洋菓子店「マールブランシュ」のチョコレート専門店。看板商品"加加阿365"をはじめ、上質なカカオを用いた独創的なチョコレートが揃う。おちょぼ口サイズのちょこっとエクレア1本431円は、かんざしなど舞妓さんにまつわるモチーフがキュート。

国産素材を合わせた
タブレットショコラ

234
ショコラ
ベル アメール
京都別邸 三条店

日本の四季や風土を大切にしたチョコレート専門店。三条店では、厳選した国産素材を使った六角形のタブレットショコラ1枚972円～や、限定ケーキ、伏見の酒や抹茶など京都素材を使ったチョコを扱っている。2階にはショコラバーも併設。

（祇園）
マールブランシュ
かかおさんろくご
ぎおんてん

☎075-551-6060〈予約可〉　🪑なし

京都市東山区祇園町南側570-150／10:00～18:00／無休／市バス祇園から徒歩3分

（三条）
ショコラ ベル アメール
きょうとべってい
さんじょうてん

☎075-221-7025〈予約不可〉　🪑22席

京都市中京区三条通堺町東入ル桝屋町66／10:00～20:00（ショコラバー LO19:30）／不定休／地下鉄烏丸御池駅から徒歩5分

たっぷりと具が入った
なめらかチョコレート

237
NEW STANDARD
CHOCOLATE
kyoto by 久遠

日本のトップショコラティエがプロデュースしたチョコレートを揃える。看板商品の久遠テリーヌは、口どけのいいチョコに黒豆やナッツなどの具をたっぷりとあしらったもの。8種類以上あり、1枚248円。3枚セットと6枚セットもある。

京都限定BOX入りの
フランス発ショコラ

236
ジャン＝ポール・エヴァン
ジェイアール京都伊勢丹店

パリに本店をもつトップショコラティエの京都店。京都のまちを駆け抜けるジャン＝ポール・エヴァンが描かれた限定BOX入りの「ボンボンショコラ12個 キョウト」4688円。季節によって詰め合わせが異なる。濃厚な味わいを堪能して。

〈堀川商店街〉
**ニュースタンダード
チョコレート キョウト
バイ くおん**

☎075-432-7563 〈予約不可〉 なし
京都市上京区堀川出水上ル桝屋町28 堀川商店街内／11:00～19:00（日曜は～18:00）／無休／市バス堀川下立売からすぐ

〈京都駅〉
**ジャン＝ポール・エヴァン
ジェイアールきょうといせたんてん**

☎075-352-1111
〈ジェイアール京都伊勢丹大代表〉〈予約可〉
京都市下京区烏丸通塩小路下ル東塩小路町 ジェイアール京都伊勢丹B1F／10:00～20:00／不定休／JR京都駅直結

おやつ

201

老舗とニューフェイスの かわいいベイク

手みやげにぴったりの焼き菓子は新旧それぞれ個性豊か！

**特別感たっぷり！
要予約のクッキー缶**

\ サクサク香ばしい /

クッキー 小缶5832円。缶は2サイズあり、いずれも予約が必要（約4ヶ月待ち）。賞味期限は製造から夏45日、冬60日

238 村上開新堂

レトロな外観が目を引く洋菓子の老舗。100年以上変わらぬレシピで優しい味わいの菓子を焼き続けている。バニラクッキー、シナモンサブレ、ジンジャーシュガー、杏子ジャムサンドなど、職人の手で1つずつ型抜きされるクッキーは全11種。缶入りの詰め合わせのみ販売。

 寺町 むらかみかいしんどう
☎075-231-1058 〈予約可※テイクアウトのみ〉 15席
京都市中京区寺町通二条上ル常盤木町62／10:00～18:00、カフェは～17:00（LO16:30）／日曜、祝日、第3月曜休／地下鉄京都市役所前駅11番出口から徒歩5分

CARD （※カフェは不可）

202

伝統的な和柄を写す
風味豊かなプチケーキ

\ 柄の意味にも注目 /

kimono8個入り3672円。ほか、3個1188円、5個2538円のセット販売のみ。柄の組み合わせは自由

239
京纏菓子 cacoto

歴史ある貸衣装店に嫁いだパティシエールの宮川さんが「和柄の魅力を伝えたい」と生み出したのが、ふた口サイズのプチケーキ・kimono。表面には縁起のいい伝統的な柄を描き、全8種類それぞれ中のクリームやジャムの味を変えている。パッケージもおしゃれで贈り物に最適だ。

五条　きょうまといかしカコト
☎075-351-2946〈予約可〉　🚭なし
京都市下京区東洞院通松原下ル大江町553-5／10:00〜18:00／火曜休、その他不定休あり／地下鉄五条駅1番出口から徒歩3分

CARD

おやつ

203

幸せをほおばる**フルーツサンド**

みずみずしいフルーツをたっぷり挟んだサンドは乙女心の栄養！

7種類のフルーツを特製クリームと一緒に

240
クリケット

青果店が営むフルーツパーラー。7種類のフルーツがゴロゴロと入ったフルーツサンド1200円が大人気だ。生クリームは名物の丸ごとフルーツゼリーに添えるものと同じで、果物の味を絶妙に引き立てる。

北野白梅町

☎075-461-3000〈予約可〉　23席

京都市北区平野八丁柳68-1 サニーハイム金閣寺1F／10:00～18:00／火曜、ほか不定休あり／市バス衣笠校前から徒歩2分

**明治創業の青果店で
人気を集めるサンド**

1.

1. スペシャルサンド935円。ほんのり塩気のある柔らかな食パンと、シンプルな生クリームを使用。5人前は箱入りでも用意可能

241

フルーツパーラー
ヤオイソ

本店の青果店のすぐ近くにあるパーラー。イチゴ、メロンなど通常のフルーツサンドの具をさらに大きくカットしたスペシャルサンドが好評。

（四条大宮）
☎075-841-0353〈予約不可〉 34席
京都市下京区四条通大宮東入ル立中町496／9:30～16:45(LO)／12月30日～1月4日／阪急大宮駅2A出口から徒歩1分

**5種類のフルーツを
ぜいたくにサンド！**

1.

1. フルーツサンド1100円。塩味の少ないパンでサンドすることで、フルーツの味をよりしっかり感じられる

242

京都・下鴨
～ Fruit & Cafe ～
HOSOKAWA

国産を中心にした上質なフルーツを扱う青果の老舗。フルーツサンドには静岡県産マスクメロン、イチゴ、バナナ、パイナップル、パパイヤを使用。

（下鴨）
きょうと・しもがも
フルーツアンドカフェ
ホソカワ

☎075-781-1733〈予約不可〉 12席
京都市左京区下鴨東本町8／10:00～18:00／水曜休／市バス洛北高校前から徒歩5分

おやつ

205

老舗茶舗のサロンでほっと一息

えりぬきの茶葉でいれたおいしいお茶とスイーツを味わって

おいしいいれ方を教わりながら一服

244
一保堂茶舗 喫茶室「嘉木」

創業約300年の老舗茶舗に併設された喫茶室。店員さんのアドバイスを受けながら自分の手でお茶をいれることができるので、お茶をぐっと身近に感じられる。煎茶は770円～用意している。

（寺町）
いっぽどうちゃほきっさしつ「かぼく」

☎075-211-4018〈予約不可〉 🪑35席

京都市中京区寺町通二条上ル常磐木町52／10:00～18:00（LO17:30）／無休／地下鉄京都市役所前駅11番出口から徒歩7分

急須で丁寧にいれたお茶の美味しさに感動

243
Salon de KANBAYASHI（上林春松本店）

大正時代の建物を利用した素敵な空間。「普段の生活にもっと日本茶を」がコンセプトで、お客が急須を用いて自分でお茶をいれるスタイル。抹茶白玉ぜんざい660円などのスイーツとセットなら日本茶は100円オフに。

（東山）
サロン ド カンバヤシ
（かんばやししゅんしょうほんてん）

☎075-551-3633〈予約可〉 🪑30席

京都市東山区下河原通高台寺塔之下前上ル金園町400-1 アカガネリゾート内／11:30～17:00／火曜休、ほか不定休あり／市バス東山安井から徒歩3分

日本一古い茶舗で
至福の一服を

246
通圓

1160（永暦元）年創業の歴史ある茶舗。店舗では、高級茶から普段使いのものまで豊富にとり揃える。併設する茶房では、挽きたての抹茶で作るスイーツが味わえる。上抹茶セット860円では、香り高いまろやかな抹茶と5種類から選べる和菓子が楽しめる。

庭付きの町家空間で
お茶の魅力を伝える

245
丸久小山園西洞院店
茶房「元庵」

元禄年間、宇治茶の産地として名高い宇治市小倉で創業。お茶の栽培と製造を手がけ上質な味わいを提供し続けてきた。茶房では、薄茶「雅の院」と和菓子1200円などをゆっくりと堪能することができる。

〔宇治〕
つうえん

☎0774-21-2243〈予約不可〉 36席

宇治市宇治東内1／10:00〜17:30／無休／京阪宇治駅から徒歩2分

〔烏丸御池〕
まるきゅうこやまえん
にしのとういんてん
さぼう「もとあん」

☎075-223-0909〈予約不可〉 10席

京都市中京区西洞院通御池下ル／茶房は10:30〜17:00、売店は9:30〜18:00／水曜休（祝日の場合は営業）／地下鉄烏丸御池駅4-1番出口から徒歩6分

おやつ

日本茶だけじゃない！実力派の紅茶専門店

京都でのお茶時間に、紅茶という新たな選択肢が増加中

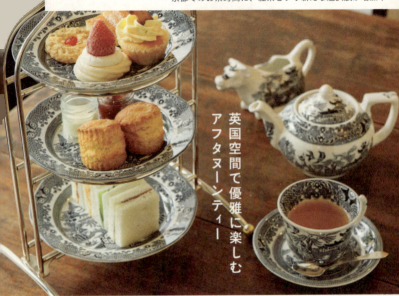

英国空間で優雅に楽しむアフタヌーンティー

247 THE THREE BEARS

メニューもテーブルウェアも英国情緒あふれる店内で味わえるのは、本格的でありながらリーズナブルに楽しめるアフタヌーンティーセット。ミニカツケーキやサンドイッチ、ビスケットなどとともに、香り豊かな紅茶をたっぷり味わって。

1. アフタヌーンティーセット1870円〜（写真は1人前、数量限定）。イギリスの有名な童話が店名の由来。

（四条烏丸） ザ スリー ベアーズ

☎ 075-252-2221〈予約不可〉 🪑 34席

京都市中京区烏丸通蛸薬師南入ル手洗水町647／11:30〜19:00（LO18:30）、土・日曜、祝日は〜19:30（LO19:00）／不定休／地下鉄四条駅21番出口から徒歩2分

CARD

208

モダンな空間で味わう
えりぬきの紅茶

248 MISSLIM Tea Place

御所南にある築70年ほどの町家を真っ白な空間にリノベート。紅茶を愛するオーナーがセレクトした茶葉だけをラインナップ。クラシックティー、フレーバーティー、チャイなど多彩な紅茶と、それに合うスイーツが揃う。丁寧にいれた紅茶の美味しさに感激間違いなし。

1. ほろりと口どけのいいスコーンとセットのケーキセット1330円。紅茶はポットサービス

丸太町 ミスリム ティー プレイス
☎075-231-4688〈予約不可〉 15席
京都市上京区河原町丸太町下ル伊勢屋町400／13:00〜20:00(LO19:00)／木曜、第1・3金曜休／市バス河原町丸太町からすぐ

おやつ

京都の暮らしに溶け込む コーヒースタンド

個性豊かなコーヒーを気軽に味わえるスタンドが大人気

世界中で支持される
コーヒーを京都で

249
％ARABICA京都 東山

八坂の塔の近くにあり連日国内外の客でにぎわう。20種以上の豆は日々焙煎を行うので、香りも味わいもフレッシュ。繊細なラテアートも好評だ。

（東山） アラビカきょうと ひがしやま
☎非公開　🪑11席
京都市東山区星野町87-5／8:00〜18:00／不定休／市バス清水道から徒歩2分

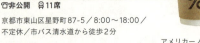

アメリカーノ
ブレンドHOT400円〜

現代的な雰囲気が漂う
コーヒーの「基地」

250
COFFEE BASE
KANONDO

店内は黒が基調。スペシャルティコーヒー豆を自家焙煎したドリップコーヒーや、招徳酒造の麹甘酒を使ったアマサケラテ600円を。

スペシャルティブレンド
（ホット）450円

（四条烏丸）
コーヒー ベース カンオンドウ
☎075-741-8718〈予約不可〉　🪑4席
京都市中京区観音堂町466ミヤコビル3F／10:00〜18:00※土・日曜、祝日は11:00〜／無休／地下鉄四条駅から徒歩2分

210

古民家を利用した
秘密基地のような空間

251
二条小屋

住宅地にひっそりと佇むスタンディングショップ。一杯ずつ丁寧にいれるハンドドリップのコーヒーの味わいは格別。焼き菓子と一緒にどうぞ。

ブレンド
コーヒー 410円

（二条城周辺）にじょうこや
☎090-6063-6219〈予約不可〉 🪑なし（スタンディング）

京都市中京区最上町382-3／11:00〜20:00（日・月曜は〜18:00）／火曜休、ほか不定休あり／地下鉄二条城前駅1番出口から徒歩1分

自家焙煎のコーヒーを
センスのいいカップで

252
murmur coffee kyoto

高瀬川のせせらぎが聞こえるカフェ。苦み、甘みのバランスがいいmurmurブレンドなど、自家焙煎の豆を4種揃える。フードメニューも充実。

murmurブレンド
390円

おやつ

（七 条）マーマー コーヒー キョウト
☎075-708-6264〈予約不可〉 🪑14席

京都市下京区正面通高瀬角／9:00〜17:00／日曜休／京阪七条駅3番出口から徒歩5分

自家焙煎珈琲と懐かしい味わいの 自家製おやつ

丁寧にいれたコーヒーの横には、手作りのあの甘い一品

253
六曜社珈琲 地下店

自家焙煎のコーヒーが味わえるレトロな地下喫茶。4種の豆の配合を毎日少しずつ変えるというブレンドコーヒー500円のお供には、ドーナツ160円をぜひ。店主の奥様による特製で、コーヒーに浸すのも一興だ。

コーヒーと相性抜群な素朴な甘さのドーナツ

（三条） ろくようしゃこーひー ちかてん
☎075-241-3026〈予約不可〉 25席
京都市中京区河原町通三条下ル大黒町40 B1F／12:00～23:00
(LO22:30)／水曜休／地下鉄京都市役所前駅1番出口から徒歩5分

254
鳥の木珈琲

注文ごとに豆を挽くところから始めるコーヒー500円は、ブレンドのほか、グァテマラやケニアなどを用意。自家製のプリン350円は、生クリームを使わず玉子をしっかりと効かせた生地にほろ苦いカラメルが映える。

クラシカルなプリンは玉子の風味が豊か

おやつ

（御所南） とりのきこーひー
☎非公開〈予約不可〉 🪑11席

京都市中京区夷川通東洞院東入ル山中町542 モア御所南1F／10:00〜19:00（LO18:00）／水曜、第3日曜休、ほか不定休（HPを要確認）／地下鉄丸太町駅7番出口から徒歩6分

大人のたのしみ♡ お酒とスイーツ

ひと手間かけたスイーツと共にいただく一杯のお酒は格別な味

隠れ家喫茶で
日本酒と和菓子を嗜む

255 喫茶 狐庵

閑静な住宅街にひっそりと佇むカウンター席のみの店。メニューはなく、その日の気分を伝えると、和菓子や日本酒、コーヒーなどをセレクトしてくれるシステム。日本酒は京都の地酒を6〜7種類、和菓子はご近所の嘯月と聚洸のものを取り揃えている。

嘯月の金団600円と玉川純米吟醸 祝600円。かわいらしい招き猫モナカ400円も人気

 （紫野）きっさ こあん
🚭なし 💺13席

京都市北区紫野上門前町66／15:00〜21:00／月・火曜休／市バス大徳寺前から徒歩7分

256 Cave de K

お酒の風味が豊かな大人向け上等スイーツ

京都屈指の名バー「K6」の姉妹店。バーゆえにスイーツにもお酒を使用している。ブリュレ状でカスタードクリームがふるふるとした層になったホットケーキには、ウイスキーがたっぷりと染み込ませてある。相性のいいお酒は気軽にバーテンダーに尋ねて会話を楽しもう。

ホットケーキ880円。小ぶりなサイズながら味わい濃厚！スパークリングワインは1杯1650円〜（サ込）

(京都市役所前) カーブ ド ケイ
☎075-231-1995〈予約可〉 12席
京都市中京区木屋町通二条東入ル ヴァルズビル1F／11:00〜翌2:00／火曜休／地下鉄京都市役所前駅2番出口から徒歩4分

おやつ

― あの名作に登場する京都グルメ　Vol.3 漫画編 ―

心身ともに温まる
コクうまカレー

よしながふみ『きのう何食べた？』
×
日の出うどんの"カレーうどん"

©よしながふみ／講談社

STORY：アラフォーの男性カップルのほのぼのとした日常と、毎日の食卓を描いた料理漫画。レシピ本さながらの詳細な描写に定評あり。

2019年にドラマ化を果たした料理漫画。恋人同士である弁護士の筧史朗と美容師の矢吹賢二は同棲中。毎日の夕食の時間には、史朗の作る料理を食べながら、その日あった出来事や想いを語り合う。食費を抑えつつもバランスの取れたおいしそうな献立が見ものだ。第8巻では、史朗からのプレゼントで賢二の誕生日に京都旅行に出かける。そこで立ち寄るのが、南禅寺近くの日の出うどんだ。休日には行列ができることもあるカレーうどんの人気店。辛さはもちろん、麺の種類もうどん、そば、中華から選ぶことができる。香りのよい鰹だしにスパイスをブレンドしたスープが、もちもちの麺に絡みつき、口の中に芳醇な味わいが広がる。一番人気の特カレーうどんには牛肉やネギ、京都らしい厚切りの油揚げが入り、よりコク深さを感じられる。

(南禅寺周辺)　ひのでうどん (→P87)

☎075-751-9251 〈予約不可〉　🍴20席

京都市左京区南禅寺北ノ坊町36／11:00〜15:00／日曜、月曜不定休／市バス宮ノ前町から徒歩2分

216

個性立ってます。

電車／アート／本
植物／猫／ピクニック
異文化交流／
ホテル／川／四季

258
⇩
279

レトロな市電のビジュアル

カタカタつりわぱん 270円、
美山ソフトマグカップ 750円

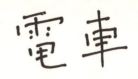
TODAY'S THEME :
電車

かつての市電車両でゆったりくつろげる

カフェに利用されているのは「500形505号車」という大型の車両。ほぼ木造で、美しく使い込まれた車内の趣を生かした空間になっている。奥にあるカウンターで注文を

258 市電カフェ

電車とともにカフェタイム

子供も大人もワクワクしちゃう、電車のある空間

京都水族館や京都鉄道博物館を擁する梅小路公園内にあるユニークなカフェ。明治から昭和まで京都の街中を走っていた路面電車の車両の中で、スイーツやドリンクを味わうことができる。当時の吊り革や広告などをそのまま残したレトロな雰囲気は唯一無二。メニューは吊り革の形を模したカタカタつりわぱんや、風味豊かな美山の牛乳を使ったソフトクリーム、京丹後の塩キャラメルポップコーンなどが人気。

(京都駅) しでんカフェ
☎090-3998-8817
〈予約不可〉 15席

京都市下京区観喜寺町
1-15 梅小路公園 505号車
／10:00〜18:00／無休／
市バス梅小路公園・京都鉄道博物館前からすぐ

季節のフルーツポンチ500円など

カウンターのほかテーブル席も

走りゆく叡電を眺めながらひと息

昼間、夕暮れ、夜とそれぞれに異なった表情を見せる、電車のある景色。一面に京都の四季を描いたデザイン電車や展望電車が来るとラッキーな気分に

259 CAFE ZANPANO

（元田中）

カフェ ザンパノ

☎075-721-2891
〈予約可〉 🪑20席

京都市左京区田中里ノ内町81 宮川ビル2F／15:00〜23:00／水曜休、ほか不定休あり／叡電元田中駅からすぐ

電車

出町柳から比叡山、鞍馬を走る路面電車・叡電こと叡山電鉄の線路沿いにある建物の2階。大きくとった窓からは、10分とおかずに行き交う電車を一望できる。窓に向かうカウンターが特等席で、車やバスの流れの合間にマイペースで進む叡電の姿をぼんやりと眺めるのはなんとも贅沢なひと時だ。日常の景色を2階から見下ろすというのも新鮮。月替わりのコーヒーやスイーツを味わいながらじっくりと堪能したい。

TODAY'S THEME :

アート

アートに浸る、唯一無二の空間へ

趣向を凝らした内装やディスプレイにうっとり…

絵具の跡が残る元美術学校の空間

香り高い厳選コーヒーを堪能

1. 随所にあしらわれるドライフラワーも北辺さん作 2. 一杯ずつ丁寧にドリップ 3. 試験管にディスプレイされたコーヒー豆 4. 珈琲ゼリーパフェ 900円

260 珈琲焙煎所 旅の音

(元田中)
こーひーばいせんしょ
たびのね

☎075-703-0770
〈予約可〉 17席
京都市左京区田中東春菜町
30-3 THE SITE 1F／11:00
〜19:00／月曜休／叡山電
鉄元田中駅から徒歩5分

元美術学校をリノベーションした複合施設「THE SITE」内にある、焙煎所兼カフェ。店主の北辺さんが厳選した、世界各国の小さな農園の豆を毎日焙煎している。品種ごとの味わいを知ってほしいとブレンドは用意せず、シングルオリジンのみで提供するのが潔い。北辺さんセレクトのハイセンスな家具やアンティークのランプを配したコンクリート打ちっ放しの空間が、なんともアーティスティックだ。

220

標本に囲まれた博物館カフェ

自然の造形美に酔いしれて

1. 大小さまざまなウニの標本が目をひく **2.** 動物の頭骨や鉱物などがズラリと並ぶ **3.** アメシストパンナコッタ330円はランチのセットデザート **4.** 穴倉的な半個室

261 ウサギノネドコ カフェ

(西大路御池)

☎075-366-6668
〈予約可〉 30席

京都市中京区西ノ京南原町37／11:30〜18:00（LO）／木曜休／地下鉄西大路御池駅1番出口から徒歩2分

アート

鉱物や植物、動物の骨など、自然の造形美にフィーチャーしたカフェ。白を基調にした空間にさまざまな標本がセンスよくディスプレイされた様子はミュージアムさながら。標本を販売する店やゲストハウスも併設している。空間のみならずメニューもユニークで、鉱物を模したスイーツや隕石カレーなど、ここでしか味わえないものが提供される。ビジュアルのインパクトとおいしさどちらも楽しめる。

221

TODAY'S THEME :

本

本とおいしいコーヒーがあれば

近年増加中のブックカフェはひとり時間に最適！

吹き抜けの空間と壁一面の本が圧巻

読書のお供にはおいしいものを

2.

3.

1. 大きな木のテーブルで相席スタイルも　2. パンや食事に合うコーヒー490円　3. パンはベーカリーで好きなものを選ぶことができる

262 Café Bibliotic Hello!

（御所南）カフェ
ビブリオティック ハロー

☎075-231-8625
〈予約可※土・日曜、祝日の11:00～17:00を除く〉　45席

京都市中京区二条通柳馬場東入ル晴明町650／11:30～24:00（LO23:00）／不定休／地下鉄京都市役所前駅9番出口から徒歩5分

店内には建築やデザイン関連を中心にした約1300冊もの本がずらり。店主がイメージした「飲食できる図書館」そのものの空間。それだけの蔵書があっても、天井が吹き抜けになっているため開放的な雰囲気で、座り心地のいい椅子やソファに腰掛けてゆったりと過ごすことができる。併設のベーカリーで焼く天然酵母のパンやフレッシュフルーツのタルトを味わいながら、読書タイムを心ゆくまで楽しもう。

222

マンガや雑誌でくつろぎの時間を

路地の隠れ家でのんびり読書を

1. 河原町通から1本入った路地にある。エスプレッソは400円〜 2. 気さくな店長 3. コーヒーと好相性な自家製デザート480円〜

263 ItalGabon

(丸太町)

アイタルガボン

☎075-255-9053
〈予約可〉 🪑18席

京都市上京区中町通丸太町上ル俵屋町435／11:30〜21:00（LO20:00）／不定休／市バス河原町丸太町から徒歩3分

街中から少し離れた場所にある静かなカフェ。幅広いジャンルのマンガや小説、雑誌が1000冊以上揃い、好きなだけ読むことができる。本格的なエスプレッソ専門店で、石川県にある「三味珈琲」の豆を使ったさまざまな味わいのエスプレッソを楽しめるのが特徴。オンザロックやレモンピール添えなどのエスプレッソアレンジメニューが豊富に揃う。自家製デザートやパスタ、パニーニなどのフードもぜひ。

本

223

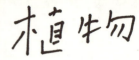

TODAY'S THEME :

ドライフラワーで埋め尽くされた店内で

目と心を癒す、植物たちに囲まれて

植物の息吹を感じながらリフレッシュタイムを

1. 季節の花のハチミツをたっぷりと使った厚切りフレンチトースト　2. バタフライピーの青が美しい優しい甘さのゼリーポンチAYA850円　3. お気に入りのドライフラワーを探して

264　Cachette 北白川店

（北白川）
カシェット きたしらかわてん

☎075-606-5430
〈予約不可〉　🪑12席

京都市左京区一乗寺樋ノ口町8-2／11:00〜19:00／水曜休／市バス一乗寺木ノ本町から徒歩3分

天井からフロアまでたくさんのドライフラワーで埋め尽くされた花と雑貨の店。2階には心地よい花の香りに囲まれながら、ほっと一息できるカフェスペースも。色とりどりのフルーツやゼリーで、カップの中に花が咲いたようなドリンクのほか、フレンチトーストなどのフードメニューも用意している。まるで異世界に迷い込んだような花に包まれた空間で、癒しの時間を過ごしてみては。

224

倉庫を改装した大原の自然派カフェ

豊かな自然もごちそう！

1. 10種類以上の野菜が盛られる本日のグリーンカレープレート 1210円 2. ランチからスイーツまで揃っている 3. カウンターにはテイクアウトできるカヌレやケーキも並ぶ

265 KULM

大原
クルム
☎090-9234-0770
〈予約可〉 14席

京都市左京区大原来迎院町
114／11：00〜17：00／
不定休／京都バス大原から
徒歩3分

植物

田畑や川に囲まれた、自然豊かな大原に佇むカフェ。倉庫をリノベーションした店内には開放感抜群の大きな窓があり、店の裏手に流れる川のせせらぎも心地よい。イタリアンレストランで修業したというご主人による自家製ピザや、独自に研究を重ねたというカレーなど、大原の野菜を使ったメニューはぜひ味わいたい。大原の自然を五感で感じながら、街中とは違ったひと時を過ごそう。

TODAY'S THEME :

猫

わざわざ会いに行きたい猫がいる

子猫も大人猫も揃う猫天国で手作りの味を

つぶらな瞳とかわいい仕草に癒されたい！

写真はイメージ

1. 視界には必ず猫が入って来る!?　2. 猫との相席も当たり前!?　3. 日替わりのごはんプレート900円は野菜たっぷりで手作りの味が魅力

266　おうちごはんcafe たまゆらん

(元田中)
おうちごはんカフェ
たまゆらん

☎075-634-3313
〈予約可〉　🪑18席

京都市左京区浄土寺西田町108-4／12:00～18:00（LO 17:00）／水曜、ほか不定休あり／市バス銀閣寺道から徒歩3分

猫カフェではないのに猫まみれになれる、猫好きにとっては夢のような空間。店主が2階の住居で飼っている猫が勝手にドアを開けて店舗へ顔を出したのをきっかけに、ほかの猫たちも自由に往来するようになったという。以来、店には人懐っこい、人見知りなど、性格もさまざまな猫が気まぐれで訪れている。特製のカレーや日替わりランチなど、手間ひまかけた食事やデザートを味わいつつ猫との交流も楽しんで。

226

リノベビルで
お迎えしてくれる
看板猫たち

オリジナルの
モミポンを使った
絶品ごはん

2匹がくっつく
様子がキュート！

1. モミポン1200円とともに味わう料理 **2.** 風呂敷に包んだ贈答用も用意 **3. 4.** タイル張りのテーブルで猫が待つ

267 モミポン

〈五条〉

☎なし〈予約可〉
🪑10席

京都市下京区平居町19 五條製作所1F / 13:00〜21:00 / 不定休 / 京阪清水五条駅1番出口から徒歩3分

かつては歓楽街として賑わい、現在はリノベ物件が増加中の五條楽園エリア。その中にあるレトロビルの複合施設「五條製作所」1階に店を構える。ユコウという柑橘類を使ったオリジナルのポン酢「モミポン」を販売するほか、店主がモミポンを使用したフードも提供する飲み会を開催。店内には看板猫のおきゅうとマートンがいて、愛らしい姿で和ませてくれる。運がよければ肉球を触らせてもらえるかも!?

猫

227

ピクニック

TODAY'S THEME :

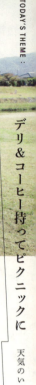

デリ&コーヒー持ってピクニックに

天気のいい日は鴨川の河原でのんびり過ごしてみよう

> おしゃれなセットをレンタルして鴨川へ

1. ピクニックバスケットセット一式 2. 日本や西洋のアンティーク家具が配されている店内

268 WIFE&HUSBAND

（北大路）
ワイフアンドハズバンド
☎075-201-7324
〈予約不可〉 🪑8席
京都市北区小山下内河原町106-6 / 10:00〜17:00 (LO16:30) ※ピクニックは〜15:00(LO) / 不定休 / 地下鉄北大路駅5番出口から徒歩4分

店名の通り、仲睦まじいご夫妻が営むコーヒーショップ。アンティークの調度品を配した店内でくつろげるほか、ピクニックアイテムのレンタルも行っている。魔法瓶に入ったコーヒー、マグカップ、小さなお菓子が付くピクニックバスケット1188円が一番人気。そのほかにスツールやテーブル、ござなども用意しているので、好みのスタイルで鴨川ピクニックと洒落込もう。鴨川までは店から徒歩すぐ。

228

オシャレなデリを
テイクアウトしよう

1. デリボックス4品810円。好きなデリを少しずつ盛り込める **2.** 国産小麦を使用し、日替わりの具材と焼き上げる本日のキッシュ 756円

269 下鴨デリ

下鴨神社の参道の入り口にあるデリ。国産の野菜をふんだんに使ったデリが毎日20種類以上並び、100gから好きなだけ購入できる。不要な添加物は用いず、素材の持ち味を生かしたやさしい味わいに定評あり。イカと旬野菜のマリネ、自家製ツナのニース風サラダなど、見た目が華やかで食感も豊かな品々が気軽にテイクアウトできるので重宝する。ラザニアやローストチキンなど大人数用のメニューも（要予約）。

（下鴨）
しもがもデリ

☎075-702-3339
〈予約不可〉 24席
京都市左京区下鴨松ノ木町51 プラザ 葵1F ／ 11:00〜19:30（LO 19:00） ／ 不定休／市バス下鴨神社前から徒歩3分

ピクニック

TODAY'S THEME :

異文化交流

メニュー充実のゲストハウスカフェ

京都にいながら異文化交流

1. バターの風味が濃厚なクロワッサン250円は人気のカフェラテ500円と好相性 2. 自家製グラノーラ450円は朝食におすすめ

270 Len

海外からの旅行客と触れ合って旅気分を味わおう

四条河原町からほど近い場所にあるスタイリッシュなゲストハウス。1階はロビーラウンジ兼カフェバーになっていて、宿泊者以外も利用可能。エスプレッソかハンドドリップから好みに応じていれてくれるコーヒーや、世界各国のビールなどのドリンク、ハイクオリティなフードが好評。相席の大テーブルに座れば、自然に海外からのゲストとの会話を楽しめることも。気軽に話しかけてみて。

(五条) レン

☎075-361-1177
〈予約不可〉 35席

京都市下京区河原町通松原下ル植松町709-3／8:00〜22:00(LO)、バーは〜24:00(LO23:30)※2020年は開店時間に変動あり／無休／市バス河原町松原からすぐ

230

英語の会話を楽しみに訪ねてみたくなる

1. スモークチキンサンドセット（コーヒーまたは紅茶付）990円 2. カフェは木のぬくもりが伝わる町家風 3. 抹茶チーズケーキ 550円 4. カフェラテ 470円

271　きりは INN & CAFE

〈五条〉

きりはイン アンド カフェ

☎075-561-7717
〈予約可〉　🪑14席

京都市東山区東大路渋谷上ル常盤町459-15／11:00〜16:30／水曜休／京阪清水五条駅2番出口から徒歩10分

異文化交流

清水寺と三十三間堂のちょうど間にある1日1組限定の和風宿。1階にあるカフェでは、オーストラリア人バリスタが笑顔で迎えてくれる。「英会話を楽しみたい人ウェルカム！」とのことなので、気軽に話しかけてみて。イタリアのラ・マルゾッコ製エスプレッソマシンで作るカフェラテや宇治抹茶ラテのほか、ケーキやクッキーなどのスイーツも揃う。天井が高く、落ち着いた町家風の空間で会話を楽しもう。

アフタヌーンティー 7500円（税サ別）。グラスシャンパンも付いており、贅沢気分を味わえる

TODAY'S THEME :

ホテル

京都にいながらリゾート気分

街中でも小旅行のような気分になれる非日常空間へ

森の静寂に包まれながら至極のひと時を

── 272 ザ・リビング パビリオン by アマン

[鷹峯]

ザ・リビング パビリオン バイ アマン

☎075-496-1335
〈要予約〉 🪑28席

京都市北区大北山鷲峯町1／7:00〜23:00／無休／市バス金閣寺道から徒歩20分

2019年11月にオープンしたアマン京都のダイニング。雄大な自然に囲まれながら、ランチやディナーはもちろん、アフタヌーンティーもいただける。海外でのキャリアを持つ総料理長が生み出す料理は、京都の旬の食材を豊富に使用し、素材本来の風味を引き出しているのが特徴。アフタヌーンティーは、ワゴンで団子を焼いてくれたり、最後に目の前で抹茶を点ててくれるなど、目でも楽しめる仕掛けが満載だ。

232

京都の四季とモダンが融合した空間

1. オープンエアのテラスでシャンパンを片手に優雅な時間を 2. フレンチベースのモダンキュイジーヌ。コース以外にアラカルトも

273 レストラン ブラッスリー

（七条）

☎075-541-8288
150席

京都市東山区妙法院前前側町445-3 フォーシーズンズホテル京都1F／7:00〜10:30、11:30〜14:30、17:30〜22:00／無休／京阪七条駅4番出口から徒歩10分

1日中ホテルの中だけで過ごせる滞在型のラグジュアリーホテル。敷地内には800年の歴史がある池泉回遊式庭園「楓樹」を擁する。メインダイニングの「ブラッスリー」には高さ9mの窓を備え、庭園の眺望と共に食事を楽しめる。テラス席なら、さらに京都の四季を感じながらのひと時を過ごせる。朝食、ランチ、ディナー、それぞれフレンチをベースに料理長こだわりの食材を使ったモダンキュイジーヌを提供する。

ホテル

TODAY'S THEME :

川

京都の人は川沿いがお好き

大小さまざまな川が流れる京の街ならではの景色

カジュアルに楽しめる
NYスタイルのブランチ

1. ブリオッシュフレンチトーストブランチ（写真は一例）1800円を、鴨川ビューの特等席で 2. 先斗町に立つデザイナーズビルの3・4階にある 3. 洗練された空間が広がる

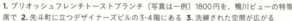

274　MERCER BRUNCH TERRACE HOUSE KYOTO

〔木屋町〕

マーサーブランチ テラス
ハウス キョウト

☎075-221-3080
〈予約可〉 🪑100席

京都市中京区木屋町通三条下ル
石屋町123 PONTONITE SANJO
OHASHI 3・4F／ブランチ11:00
～16:00（LO15:00）※土・日曜、
祝日は10:00～17:00（LO16:00）、
ディナー17:00～23:30（LO22:30）
※日曜は～22:00（21:00LO）
／無休／京阪三条駅から徒歩3分

東京を中心に展開する「MERCER BRUNCH」の京都1号店。窓の外には鴨川や三条大橋など京都らしい景色が広がり、NYスタイルのブランチや高級食材を使ったディナーをカジュアルに楽しめる。7種から選べるメインに焼きたてのフレンチトーストが付くブリオッシュフレンチトーストブランチをいただけば、遅く起きた休日も優雅な気分でスタートできそうだ。

234

京都とフランスがミックスした空間

1. キッシュのサラダ添え 1300円(フライドポテトセット+400円) 2. ブランチ 1600円はパン2種とベーコンまたはサーモンなど(ドリンク付) 3. 開放感のある店内

275　KAWA CAFE

(木屋町)

カワ カフェ

☎075-341-0115
〈予約可〉　🪑80席

京都市下京区木屋町通松原
上ル美濃屋町176-1／10:
00〜23:30／無休／阪急
京都河原町駅4番出口から
徒歩8分

西木屋町通にある町家をモダンにリノベート。川床のシーズンには鴨川に面したテラス席が開放されるほか、店内からも鴨川と東山の絶景を楽しめる。朝食からバータイムまでノンストップ営業なので使い勝手がよく、それぞれの時間帯にふさわしいメニューがスタンバイ。ブランチのセットやランチ、カフェタイムのスイーツ、ディナーはコース料理とお酒が充実。2階にはギャラリーも併設している。

川

TODAY'S THEME :

四季

春夏秋冬 京スイーツ

春 夜さくら

黒糖の羊羹を闇に見立て、ライトアップされた桜をイメージ。1本4104円

夏 生搾りフルーツのかき氷

写真はイチゴの果肉も入った生搾り苺950円。練乳をかけるとさらに美味

277
祇園下河原
page one

老舗氷店プロデュースのカフェ・ダイニングバーの看板メニューはかき氷。贅沢にも器まで氷で作ったかき氷はふんわりと口どけがよく、一度食べたらヤミツキに。中でも、自家製のシロップを使う生搾りシリーズはフルーツのフレッシュな風味が抜群だ。

276
京菓子司
末富

有名寺社や茶道の家元の御用も務める和菓子店。見た目の美しい季節の生菓子をはじめ、干菓子や煎餅などもお土産に人気だ。定番は、パステルカラーが乙女心をくすぐる麩焼きせんべい・京ふうせん28枚入り1080円。

〈祇園〉
ぎおんしもがわら
ページ ワン

☎075-551-2882 〈予約可〉　🪑30席

京都市東山区下河原通八坂鳥居前下ル弁天町453-4／11:00～24:00（18:00よりバータイム。チャージ300円）／水曜休／市バス東山安井から徒歩2分

〈五条〉
きょうかしつかさ
すえとみ

☎075-351-0808 〈予約可〉　🪑なし

京都市下京区松原通室町東入ル／9:00～17:00／日曜・祝日休／地下鉄五条駅2番出口から徒歩4分

四季折々の風物詩を盛り込んだ美味を巡って

236

秋

葡萄とマロンの秋色モンブラン
フルーティーな赤ぶどうのソースにラム酒の香る濃厚なモンブラン1430円

不老泉
抹茶と善哉はお湯を注ぐと葛の中に千鳥型のあられが。全3種、1個216円

冬

279
二條若狭屋

創業から約100年、京都の神社仏閣、茶道のお家元などの御用達であり続ける老舗。初代が考案したお湯菓子の「不老泉」は通年の人気商品で、特に冬はとろりとした葛（くず）の食感が好まれる。雪月花を描いた典雅なパッケージに入っており、おみやげにも最適だ。

278
マールブランシュ 京都北山本店

お濃茶ラングドシャ「茶の菓」で有名な人気パティスリー。本店に併設したサロンでは、限定のできたてのデザートやケーキなどを味わえる。四季折々の味わいを楽しめるスペシャリテのモンブランは、夏はかき氷に変身する。

〔二条城周辺〕
にじょうわかさや

☎075-231-0616 〈予約不可〉 🈀なし

京都市中京区二条通小川東入ル／8:00〜17:00／水曜休／地下鉄二条城前駅2番出口から徒歩3分

CARD

〔北山〕
マールブランシュ
きょうときたやま
ほんてん

☎075-722-3399 〈予約不可〉 🈀16席

京都市北区北山通植物園北山門前／10:00〜19:30 (LO) ※販売は9:00〜20:00／無休／地下鉄北山駅4番出口からすぐ

四季

KYOTO STATION
GOURMET RESERCH

駆け込み
京都駅グルメを調査!

| 調査目的 | 京都の玄関口・京都駅は、実は絶品グルメの宝庫。京都駅に併設する商業施設をはじめ、充実の京みやげやイートインスペースも揃う専門店街など、京都を代表するグルメが一堂に集まった便利スポットだ。おみやげの買い忘れにも活用したい。 |

駅ナカのグルメスポットはコチラ!

\ 広さも店舗数も圧倒的! /

Ⓑ 京都駅前地下街 ポルタ

名店からトレンドを押さえた話題店までが揃う地下街。京都駅直結で、アパレルショップや飲食店が充実。

きょうとえきまえ
ちかがい ポルタ
☎075-365-7528

レストラン11:00～22:00（モーニング7:30～）、ショッピングサービス、フード・スイーツ10:00～20:30（金・土曜は～21:00）／不定休

\ 幅広い上質アイテムが揃う /

Ⓐ ジェイアール京都伊勢丹

おみやげ選びに、休憩にと、マルチに活用できる。本館の南側には、飲食店が集まるJR西口改札前イートパラダイスⒶもある。

ジェイアールきょうといせたん
☎075-352-1111
（ジェイアール京都伊勢丹・
大代表）

10:00～20:00（レストラン7～10階11:00～23:00、11階11:00～22:00）／不定休

\ 出発直前でも利用しやすい /

Ⓓ アスティ京都

新幹線八条口改札と直結のアスティロード、2階のアスティスクエア、新幹線改札内の売り場の3つからなる。

アスティきょうと
☎075-662-0741
（平日9:00～17:00）

5:30～23:30 ※店舗により異なる／無休

\ ここだけのセレクトが自慢 /

Ⓒ みやこみち

京都の食材や食品が買える食品専門館ハーベスやハーベス京銘館が人気。京銘菓や雑貨など京都らしいラインナップが揃う。

みやこみち
☎075-691-8384

レストラン11:00～22:00、軽食・喫茶9:00～21:00（店舗により早朝・深夜営業あり）、ショップ・サービス9:00～20:00（一部店舗は20:00以降も営業）／無休

便利なサービスを利用しよう!

は 京都総合観光案内所「京なび」

京都府内全域と京都市の観光案内をしてもらえる。

☎075-343-0548
8:30～19:00／無休

ろ JR京都駅 鉄道案内所

鉄道アクセスの総合案内や乗り換え・連絡情報を教えてくれる。

8:00～20:00／無休

い 京都駅ビル インフォメーション

京都駅ビル内の施設や交通機関の案内をしてもらえる。

10:00～19:00／無休

へ 京都駅前 市バス・地下鉄案内所

主要観光スポットへの市バスや地下鉄の案内をしてくれる。

☎075-371-4474
（ナビダイヤル0570-666-846）
7:30～19:30／無休

ほ JR京都駅 Crosta 京都キャリーサービス

宿や自宅への荷物を発送が可能。手ぶらで行動したい人にオススメ。

☎075-352-5437
8:00～20:00（受付～14:00）／1個1000円～／無休

に 新幹線京都駅八条口 一時預かり・デリバリーサービス

新幹線で到着した後に、宿まで荷物を発送してくれる。

☎075-671-8026
9:00～20:00（受付～14:00）／1個1000円／無休

KYOTO STATION
GOURMET RESERCH
(1)

「あの名店の味」を
サクッと食べられる
スポットを発見!!

| 調査結果 | 「時間がなくてあの名店のグルメを食べられなかった…」という人に朗報。京都駅には、京都を代表する名店の味を食べられる店が多数点在。観光で時間がなくなってしまった場合も、新幹線に乗る前にサクッと食べられるので、ご安心を。人気店は予約がベターです。 |

駆け込みSPOT ⇒ 1

〚はしたて〛の
はしたてセット

2035円　→Ⓐ

☎075-343-4440
11:00〜21:00（LO）／不定休
※17時以降予約可（繁忙期は除く）

京都の料亭・和久傳が手掛ける人気店で、気軽に本格的な味を楽しめる。はしたてセットの鯛の胡麻味噌丼は、新鮮な鯛の薄造りを胡麻味噌で和えた逸品。まずはご飯と一緒にそのままで、そのあとはだしをかけて味わいの変化が楽しめるのも魅力。季節の漬物と味噌汁、人気のれんこん菓子 西湖付き。

有名料亭の味を
カジュアルに

\\ 料亭のおもたせ //
紫野和久傳 堺町店

京丹後の料理旅館をはじまりとする料亭のおもたせ専門店。2Fには茶菓席を併設し、季節の生菓子とむしやしないを楽しめる。

むらさきのわくでんさかいまちてん
☎075-223-3600

240

駆け込みSPOT ⇨ 2

〖松葉 京都駅店〗の
にしんそば

1430円　→ D

まつば きょうとえきてん
☎075-693-5595
8:30〜20:30（LO）/無休

京都で昔から愛されるにしんそばの店で、150年以上伝統の味を受け継ぐ。やさしい味わいのだしと甘辛く煮た身欠きにしんの旨みが相性抜群。一度食べるとクセになる味わいだ。

京名物にしんそば
発祥の店

\\ 本店はこちら！ //　総本家にしんそば 松葉

文久元年に創業し、祇園・南座隣で営業を続ける老舗のそば店。食事はもちろん、鰊棒煮などお土産の購入もできる。

そうほんけにしんそば まつば　☎075-561-1451

駆け込みSPOT ⇨ 3

〖原了郭 八条口店〗の
ポークキーマ

990円　→ D

はらりょうかく はちじょうぐちてん
☎075-661-9673
11:00〜20:30（LO）/無休

オリジナルブレンドのカレーパウダー「スパイシー」と「マイルド」が、食材の味を最大限に引き出す、ぴりりと辛みのきいたキーマカレー。自慢のさくさく天ぷらも付いている。

スパイス入れ放題
京都尽くしカレー

\\ 本店はこちら！ //　原了郭 本店

1703（元禄16）年創業の香辛料の老舗。白ごまや山椒、唐辛子を配合した黒七味は、豊かな香りと奥深い味わいが自慢。

はらりょうかく ほんてん　☎075-561-2732

京都駅グルメ

AND MORE

・モリタ屋 ジェイアール京都伊勢丹店 → A
・グリルキャピタル東洋亭 ポルタ店 → B
・イノダコーヒ ポルタ支店 → B
・ハマムラ → C

イノダコーヒ
ポルタ支店の
ケーキセット
1040円

KYOTO STATION
GOURMET RESERCH

喜ばれること間違いなし!(2)
ひねりを効かせた
『人気のみやげ』をGET

| 調査結果 | ご飯のお供からあま~い和菓子まで、人気の土産が揃い踏みの京都駅。ばらまき土産にぴったりの個包装のものから、大切な人にあげたいおしゃれなパッケージのものまで、バラエティー豊かな品揃え。ひとひねり効かせたおみやげで、ほかの人に差をつけちゃおう。 |

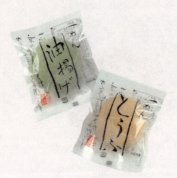

駆け込みSPOT ⇨ 2

〖本田味噌本店〗の
一わんみそ汁

3食入617円~　　→ⒶⒹ

ほんだみそほんてん

創業180年の老舗味噌店の味わいを家で再現できる人気商品。丸い麩の中には、フリーズドライの味噌と具材がイン。割り入れてお湯を注ぐだけの手軽さも高ポイント。幅広い世代に愛される。

駆け込みSPOT ⇨ 1

〖大安〗の
ちいさなだいやす

各157円　　→ⒶⒷⒸⒹ

※Ⓓでは3個入りのみ販売

だいやす

話題のかわいいカップ入りのお漬物。食べきりサイズで、色々な味をちょっとずつ食べられるのがうれしい。定番から季節限定まで約20種類と、豊富なラインナップも喜ばれるポイント。

242

駆け込みSPOT ⇒ 4

〚亀屋良長〛の
宝ぽち袋

1袋 756円 →Ⓐ Ⓑ Ⓒ

かめやよしなが

テキスタイルブランド「SOU・SOU」の伊勢木綿のポチ袋の中に、創業200年を超える老舗京菓子司の干菓子が。舌の上でスーッと溶ける上品な和三盆糖の押物もかわいさ満点。

駆け込みSPOT ⇒ 3

〚nikiniki á la gare〛の
カレ・ド・カネール

1箱（10セット分）1188円〜 →Ⓓ

ニキニキ ア ラ ギャール
☎075-662-8284
nikiniki á la gare

聖護院八ッ橋総本店が手掛ける新ブランド。生八ッ橋の生地と中に入れる餡やコンフィなどを自由に組み合わせて自分好みの味わいを楽しめる。餡やコンフィが季節によって変わるのも◎。

駆け込みSPOT ⇒ 6

〚SIZUYAPAN〛の
あんぱん

250円 →Ⓓ

シヅヤパン
☎075-692-2452
SIZUYAPAN

人気ベーカリー「志津屋」が手掛けるあんぱん専門店。多彩なあんぱんはフレーバーによって異なるパッケージがなんともおしゃれ。京素材と和菓子を融合させた10種類以上が常時並ぶ。

駆け込みSPOT ⇒ 5

〚鶴屋吉信 IRODORI〛の
琥珀糖

1080円（10本入）→Ⓓ

つるやよしのぶ イロドリ
☎075-574-7627
鶴屋吉信 IRODORI

パステルカラーでビジュアルがすてきな琥珀糖は、老舗和菓子店・鶴屋吉信のセカンドラインのもの。ラベンダーやミントなどハーブのフレイバーとシャリシャリとした口溶けにうっとり。

京都駅グルメ

243

KYOTO STATION
GOURMET RESERCH

ジェイアール京都伊勢丹の
「デパ地下グルメ」が
ハイレベルすぎる！

調査結果

お土産が充実している京都駅ビルのなかでも、特に品揃えが豊富なのがジェイアール京都伊勢丹。地元で愛される和菓子の老舗から、注目の新ブランドまで、ありとあらゆる話題のお土産が集まる。買い物はもちろん、体験型のイートインスペースも要チェック！

ジェイアール京都伊勢丹

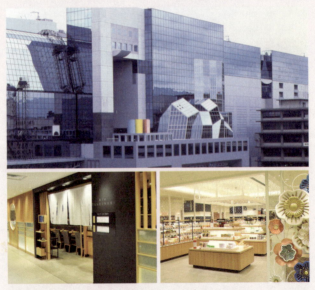

京都駅ビル内にある京都駅直結の百貨店。地下2階〜地上11階で構成され、和洋菓子や老舗の名品などは地下1階に揃う。2018年にデパ地下が増床リニューアルし、京都初進出店や体験型イートインスペースも登場した。

ジェイアールきょうといせたん ☎075-352-1111（大代表） DATA→Ⓐ

244

駆け込みSPOT⇒2

〖NEXT 100 YEARS〗の
フルーツ羊羹

1730円　　　　　　　　　　B1F

ネクスト ワンハンドレッドイヤーズ
☎075-352-1111（大代表）
10:00〜20:00

独創的な干菓子を提案する「UCHU wagashi」によるブランド。白あんベースの羊羹に、色鮮やかなフルーツ羹をちりばめた羊羹は、フルーツの酸味がさわやかな一品。

駆け込みSPOT⇒1

〖菓子のTASHINAMI〗の
季節のマリアージュ

1100円〜　　　　　　　　　B1F

かしのタシナミ
☎075-352-1111（大代表）
10:00〜20:00（LO19:30）

ジェイアール京都伊勢丹で販売している和洋菓子のなかから、季節ごとに選ばれた菓子がいただける体験型イートインスペース。日本茶やコーヒーとのマリアージュも楽しみたい。

駆け込みSPOT⇒4

〖JEREMY & JEMIMAH〗
のwata hako

1箱648円　　　　　　　　　B1F

ジェレミー アンド ジェマイマ
☎075-352-1111（大代表）
10:00〜20:00

抹茶や桜餅など、オリジナリティあふれる綿菓子を箱詰めし、ドライフルーツやハーブ、ナッツなどをトッピング。アートを思わせるカラフルな見た目で、プレゼントにもぴったり。

駆け込みSPOT⇒3

〖笹屋昌園〗の
本わらび餅 極

200g 1188円　　　　　　　 B1F

ささやしょうえん
☎075-352-1111（大代表）
10:00〜20:00

希少な国産最高級の本わらび粉を使用した本わらび餅。"ほんまもん"の味にこだわり、すべて熟練の職人が手作り。やわらかいのに弾力がある、唯一無二の味わいを楽しみたい。

京都駅グルメ

245

KYOTO STATION
GOURMET RESERCH
(4)

京料理を気軽に楽しめる
『人気の弁当』たち

調査結果

ジェイアール京都伊勢丹の地下は有名店のお弁当の宝庫！ 憧れの老舗や名店の味を気軽にテイクアウトできるので、帰りの新幹線で食べるもよし、お土産に持って帰るもよし。京都の素材や季節の味覚が詰め込まれた絶品弁当をGETしよう。
※季節または諸般の事情により料理の内容や価格が異なる場合がございますので、あらかじめご了承ください。

名店の技と味を
ひと箱に凝縮

駆け込みSPOT ⇒ 1

〚はり清〛の季節の折詰

3996円 → Ⓐ

はりせ
☎075-352-1111
（ジェイアール京都伊勢丹・大代表）

江戸時代初期創業の京料理の老舗。12代目店主が手掛ける、季節の移ろいを詰め込んだ季節の折詰は、2段の折箱に焼き物や炊き合わせ、揚げ物、寿司などがぎっしり詰まった贅沢な内容。ひとつひとつに老舗ならではの丁寧な仕事ぶりが感じられ、見た目にも季節感が楽しめる。
※季節により内容が変更になる場合あり

246

駆け込みSPOT ⇒ 2

〖京料理 六盛〗の
丸弁当

3240円 → Ⓐ

きょうりょうり ろくせい
☎075-352-1111
(ジェイアール京都伊勢丹・大代表)

京都・岡崎の老舗料亭で人気の「手をけ弁当」を手軽に持ち帰りできるのが、この丸弁当。四季折々の食材を使用し、心のこもった料理を楽しめる。

手をけ弁当を
テイクアウト

素朴で味わい深い
ロングセラー

駆け込みSPOT ⇒ 3

〖ひさご寿し〗の
祇園

2106円 → Ⓐ

ひさごずし
☎075-352-1111
(ジェイアール京都伊勢丹・大代表)

四条河原町に本店を構える寿司店で、初代から受け継がれたちらし寿しが名物。焼き穴子や海老のそぼろがたっぷりのったちらし寿司と、箱寿司4貫を詰め合わせた大満足の逸品。

駆け込みSPOT ⇒ 4

〖下鴨茶寮〗の
山海御膳

2700円 → Ⓐ

しもがもさりょう
☎075-352-1111
(ジェイアール京都伊勢丹・大代表)

下鴨神社近くにある由緒正しい老舗料亭。豊富な種類の料理を彩りよく盛り込んだ弁当は、京都らしい上品な味わい。肉も魚も楽しめる、ぜいたくな一折。

ひと口サイズに
盛り付けた御膳

京都駅グルメ

KYOTO STATION
GOURMET RESERCH
(5)

改札からすぐ！
『絶品抹茶スイーツ』を
伊勢丹イートパラダイスで!!

| 調査結果 | 京都に来たら、やっぱり外せないのが香り高い抹茶スイーツ。観光地では立ち寄りそびれた…という人も、もっと食べておきたい！という人も、京都駅にはハイレベルな抹茶スイーツが勢ぞろい。改札すぐのジェイアール京都伊勢丹 JR西口改札前イートパラダイスへGO！ |

生茶ゼリイ入りの
よくばりパフェ

駆け込みSPOT ⇒ 1

〚中村藤吉本店 京都駅店〛の まるとパフェ（抹茶）

1320円　　　　　　　→Ⓐ

なかむらとうきちほんてん きょうとえきみせ
☎075-352-1111（ジェイアール京都伊勢丹・大代表）
11:00～21:00（LO）／不定休

一番人気のまるとパフェは、定番の生茶ゼリイに抹茶アイスや白玉、シフォンケーキなど具材がたっぷり詰まった盛りだくさんの内容。抹茶本来の旨みを活かした生茶ゼリイは、ぷるんと弾力のある独特の食感もたまらない。生茶ゼリイはテイクアウトも可。

\\ 本店はこちら！ // 　中村藤吉本店 宇治本店

安政元年創業の老舗茶商が手掛けるカフェ。宇治を代表する人気店で、開店前から行列ができることもしばしば。

なかむらとうきちほんてん うじほんてん
☎0774-22-7800

駆け込みSPOT ⇒ 2

〖パティスリー & カフェ デリーモ 京都〗の
黒抹茶〜京都〜

1220円　→Ⓐ

パティスリー アンド カフェ デリーモ キョウト
☎075-746-5300
10:00〜21:00(LO)、土・日曜、祝日は8:00〜22:00(LO21:00)／不定休

ショコラ生地にチョコチップ入りの黒抹茶クリームとチョコレートソース、白玉やきな粉のメレンゲ、小豆と、食感の異なる和素材が織りなす京都限定メニュー。抹茶とチョコのマリアージュを楽しんで。

焼きたて
ふわっふわ♡

駆け込みSPOT ⇒ 3

〖茶寮都路里〗の
特選都路里パフェ

1441円　→Ⓐ

さりょうつじり
☎075-352-6622
10:00〜19:30 (LO)／不定休

抹茶をふんだんに使用した多彩なパフェの中でも、注文必須は抹茶カステラや抹茶ゼリーなど11種の具材が入る特選都路里パフェ。(茶寮都路里はジェイアール京都伊勢丹6階)

高さ25cm！
抹茶パフェの王様

\\ 本店はこちら！ //
茶寮都路里 祇園本店

連日大行列ができる宇治茶の老舗・祇園辻利の茶房。香り豊かな良質の抹茶を使用したオリジナルスイーツが多彩に揃う。

さりょうつじり
ぎおんほんてん
☎075-561-2257

京都駅グルメ

AND MORE

・宝泉 京都駅店 →Ⓓ
・鶴屋吉信 IRODORI →Ⓓ
・ギャラリーカフェ 京都茶寮 →京都駅ビル2階
・ティーハウス リプトン ポルタ店 →Ⓑ

宝泉の丹波
大納言ぜん
ざい
1188円

249

KYOTO STATION
GOURMET RESERCH
(6)

話題の商品がズラリ！
『京名菓・名菜処 京』の
最旬グルメを楽しみ尽くす

| 調査結果 | 観光客から地元の人まで、さまざまなシーンで便利に楽しめる「京都駅ビル専門店街 The CUBE 京名菓・名菜処 京」。老舗の定番から、京都生まれの新ブランドまで、幅広いアイテムが勢ぞろい。気になる注目の最旬グルメをチェックしておこう！ |

京都駅ビル専門店街 The CUBE 京名菓・名菜処 京

きょうとえきびるせんもんてんがい
ザキューブ きょうめいか・
めいさいどころ みやこ
☎075-365-8602
京都市下京区烏丸通塩小路下ル東塩小路町
901 2F JR京都駅西口／8:30〜21:00（店舗により異なる）／不定休

京都駅ビルの南北自由通路にある施設で、JR京都駅西口（2階）の目の前という便利な立地も魅力。売り場は和洋さまざまな商品が充実したスイーツゾーンと、漬物や地酒、できたての弁当なども揃う食品ゾーンで構成される。

250

駆け込みSPOT ⇒ 2

〚京菓匠 鶴屋吉信〛の 100年記念 京観世 珈琲

1個 280円

きょうかしょう つるやよしのぶ
☎075-343-0288
8:30〜21:00／不定休

「京観世」の誕生100周年を記念して4種の味を限定販売。第4弾として2020年10月〜12月は「京観世 珈琲」。マイルドで落ち着いた香りをもつモカが京観世との相性も抜群。

駆け込みSPOT ⇒ 1

〚PRESS BUTTER SAND〛の バターサンド〈宇治抹茶〉

5個入 1150円

プレス バター サンド
☎0120-319-235
8:30〜21:00／不定休

厳選素材を使って、「はさみ焼き」という手法で焼き上げるバターサンド。宇治抹茶を使った抹茶バタークリームとキャラメルクリームを、抹茶を練りこんだサクサクのクッキーでサンドしている。

駆け込みSPOT ⇒ 4

〚茶寮 FUKUCHA〛の 宇治抹茶フォンデュ

770円

さりょうフクチャ
☎075-744-0552
8:30〜21:00（変更の可能性あり）／不定休

宇治茶の老舗「京都福寿園」プロデュース。「京都駅ビル専門店街 The CUBE」内にあり、本格的なお茶から、お茶を使ったスイーツまで幅広く楽しめると話題。

駆け込みSPOT ⇒ 3

〚酵房西利 京店〛の 乳酸発酵甘麹 AMACO

3個入 648円、5個入 1080円

こうぼうにしり みやこみせ
☎075-344-0008
8:30〜21:00／不定休

「京つけもの 西利」の新展開。西京漬や弁当、惣菜など、発酵食の知恵がつまった逸品を取り扱う。ラブレ乳酸菌で発酵させた甘麹は、そのままでも料理に使ってもおいしい。

京都駅グルメ

INDEX

か

alt. coffee roasters	二条城	43
Cave de K	京都市役所前	215
櫂-KAI-	錦市場	71
Kaikado Café	七条	168
かさぎ屋	東山	178
Cachette 北白川店	北白川	224
菓子のTASHINAMI	京都駅	245
カステラ ド パウロ	北野天満宮	51
家傳京飴 祇園小石	祇園	181
鹿の子	京都駅	46
CAFE attmos.	京都駅	40
CAFE KOCSI	京都市役所前	69
CAFE ZANPANO	元田中	219
Café DOnG by Sfera	祇園	186
Cafe bali gasi	北山	141
Café Bibliotic Hello!	御所南	222
Café Müller	荒神口	143
カマル	烏丸御池	133
亀屋良長	京都駅	243
KAWA CAFE	木屋町	235
観音山フルーツパーラー 京都店	烏丸	47

き

祇園 北川半兵衛	祇園	190
祇園きなな	祇園	180
祇園下河原 page one	祇園	236
ぎおん 天ぷら 天周	祇園	84
ぎおん 徳屋	祇園	185
祇園にし	祇園	116
祇園にしかわ	祇園	91
キキダウンステアーズベーカリー	金閣寺	115
菊しんコーヒー	東山	68
北野ラボ	北野天満宮	45
喫茶 狐庵	紫野	214
喫茶静香	北野天満宮	163
喫茶 ゾウ	京都御苑	41・182
喫茶ソワレ	河原町	164
喫茶チロル	二条城周辺	113
喫茶 PERCH	西陣	69
喫茶マドラグ	烏丸御池	112
吉祥菓寮 祇園本店	東山	192
木山	御所南	78
京菓子司 末富	五条	236
京菓匠 鶴屋吉信	京都駅	251
京極かねよ	河原町	85
京極スタンド	新京極	147
京菜味のむら 錦店	河原町	31
京 聖護院 早起亭うどん	聖護院	58

あ

ItalGabon	丸太町	223
AWOMB烏丸本店	四条烏丸	81
AWOMBこころみ	烏丸	189
あおい	木屋町	125
asipai kyoto	七条	133
アスティ京都	京都駅	238
ASSEMBLAGES KAKIMOTO	御所南	197
アマゾン	七条	113
甘党茶屋 梅園 三条寺町店	寺町	171
% ARABICA京都 東山	東山	210
ingrèdient kyoto	聖護院	48

い

いけまさ亭	錦市場	82
居様 IZAMA	四条烏丸	82
伊集院	祇園	31
いづ重	祇園	93
一子相伝 なかむら	烏丸御池	74
一保堂茶舗 喫茶室「嘉木」	寺町	206
伊藤久右衛門 本店・茶房	宇治	175
稲荷茶寮	伏見稲荷大社	52
イノダコーヒ本店	烏丸御池	110
今井食堂	上賀茂	95
今西軒	五条	178
いもぼう平野家本店	祇園	76
Il cipresso 祇園花見小路	祇園	126

う

Vegan Ramen UZU KYOTO	京都市役所前	39
walden woods kyoto	五条	43
ウサギノネドコ カフェ	西大路御池	221
嘘と僕	宇治	9
梅園 河原町店	河原町	170
うめぞの茶房	西陣	171・189

え

El Quillo de La masa Kioto	京都市役所前	142

お

おうちごはんcafeたまゆらん	元田中	226
黄檗山 萬福寺	宇治	101
大國屋鰻兵衛	四条烏丸	14
おかきた	岡崎	84
お数家いしかわ	四条烏丸	124
おかる	祇園	86
おこぶ北清	中書島	97
お茶と酒 たすき 新風館	烏丸御池	144
おばんざい こはく	河原町	30
朧八瑞雲堂	北大路	177

252

さ
笹屋昌園	京都駅	245
THE THREE BEARS	四条烏丸	208
さらさ花遊小路	河原町	136
ザ・リッツ・カールトン京都 ザ・ロビーラウンジ	鴨川二条	62
ザ・リビング パビリオン by アマン	鷹峯	232
茶寮都路里	京都駅	249
茶寮 八翠	嵐山	198
茶寮 FUKUCHA	京都駅	251
茶寮宝泉	下鴨	184
Salon de KANBAYASHI（上林春松本店）	東山	206

し
G麵	木屋町	159
ジェイアール京都伊勢丹	京都駅	238・244
CHÉRIE MAISON DU BISCUIT	御所南	44
JEREMY & JFMIMAH	京都駅	245
じき宮ざわ	四条烏丸	90
SIZUYAPAN	京都駅	243
志津屋本店	太秦	114
市電カフェ	京都駅	218
下鴨茶寮	京都駅	247
下鴨デリ	下鴨	229
ジャン=ポール・エヴァン ジェイアール京都伊勢丹店	京都駅	201
旬菜 いまり	四条烏丸	60
ショコラ ベル アメール 京都別邸 三条店	三条	200
白川たむら	祇園	88
志し幸	河原町	120
SHIN-SETSU	寺町	182
新風館	烏丸御池	144
新福菜館 本店	京都駅	59
神馬	西陣	146
森林食堂	二条	132

す
SUGiTORA	河原町	193
寿司乙羽	新京極	93
洲濱×COFFEEすはま屋	丸太町	188
SPRING VALLEY BREWERY KYOTO	河原町	152
STEPHAN PANTEL	丸太町	17
スマート珈琲店	寺町	162
澄吉	烏丸御池	156
SLOW JET COFFEE 高台寺	高台寺	53

京都貴船 料理旅館ひろ文	貴船	73
京都北山 マールブランシュ	京都駅	251
京都 権太呂 本店	河原町	86
京都・下鴨～Fruit & Café～ HOSOKAWA	下鴨	205
京都タワーサンド	京都駅	250
京都駅ビル専門店街 The CUBE 京名菓・名菜処 京	京都駅	250
京都駅前地下街 ポルタ	京都駅	238
京都祇園 あのん本店	祇園	179
京都モダンテラス	岡崎	68
京都祇園 侘家古暦堂 うま味さん	祇園	35
京都 中勢以月	東山	17
京ばあむ	京都駅	251
京風おばんざい京町	河原町	73
京町家おばんざい こはく	河原町	30
京継菓子 cacoto	五条	203
京ゆば処 静家 二条城店	二条城周辺	102
京洋菓子司 ジュヴァンセル祇園店	祇園	176
京洋食 まつもと	四条烏丸	108
京料理 木乃婦	四条烏丸	94
京料理 六盛	岡崎／京都駅	94・247
きりは INN & CAFE	五条	231
ぎをん小森	祇園	180
祇をん 豆寅	祇園	80
祇をん 萬屋	祇園	87
金の百合亭	祇園	181

く
串八 白梅町本店	北野白梅町	138
クリケット	北野白梅町	204
green bean to bar CHOCOLATE	烏丸御池	144
グリルグリーン	祇園	112
KULM	大原	225

け
ケーキ工房ケテル	烏丸御池	194
K36 The Bar & Rooftop	清水寺	20

こ
好文舎	京都御苑	25
酵房西利 京店	京都駅	251
神山湧水珈琲｜煎｜	上賀茂神社	52
珈琲焙煎所 旅の音	元田中	220
COFFEE HOUSE maki	出町柳	68
COFFEE BASE KANONDO	四条烏丸	210
古今藤や	貴船	73
小鍋屋 いさきち	祇園	146
こんなもんじゃ	錦市場	71

	nikiniki á la gare	京都駅	243	せ	西洋茶屋 山本 ——— 京都駅	196
	二条小屋 ——— 二条城周辺		211	そ	総本家にしんそば 松葉本店 — 祇園	87
	二條若狹屋 ——— 二条城周辺		237		総本家 ゆどうふ 奥丹清水	
	日本酒BAR あさくら				——— 清水寺周辺	98
	——— 京都市役所前		155		そ/s/kawahigashi ——— 神宮丸太町	28
	日本酒バル ポキ家 ——— 堀川商店街		155			
	NEW STANDARD CHOCOLATE			た	大極殿本舗六角店 甘味処 栖園	
	kyoto by 久遠 ——— 堀川商店街		201		——— 烏丸御池	172
	仁修樓 ——— 紫竹		6		Dai's Deli & Sandwiches 六角店	
					——— 烏丸御池	111
ね	NEXT 100 YEARS ——— 京都駅		245		大市 ——— 西陣	160
の	Nowhereman ——— 四条		50		大安 ——— 京都駅	242
	nokishita711				Direct Coffee ——— 京都市役所前	13
	Gin and cocktail labo. ——— 木屋町		149		たま木亭 ——— 宇治	56
	NOTTA CAFE ——— 西院		183		太郎屋 ——— 四条烏丸	147
	knot café ——— 北野天満宮		179			
				ち	チャグルチャグル ——— 丸太町	140
は	パークハイアット京都 ——— 清水寺		36		中華そば 高安 ——— 一乗寺	105
	畑野軒老舗 ——— 錦市場		72		中華のサカイ 本店 ——— 大徳寺周辺	105
	BURLESQUE ——— 丹波口		110		朝食 喜心 ——— 祇園	61
	百香居 ——— 祇園		106			
	はしたて ——— 京都駅		240	つ	通圓 ——— 宇治	207
	八十八良葉舎 ——— 車折神社		53		辻利兵衛 本店 ——— 宇治	174
	パティスリー&カフェ				tubara cafe ——— 西陣	189
	デリーモ京都 ——— 京都駅		249		鶴屋吉信IRODORI ——— 京都駅	243
	はふう 本店 ——— 御所南		84・110		鶴屋吉信 菓遊茶屋 ——— 今出川	187
	原了郭 八条口店 ——— 京都駅		241			
	原了郭 本店 ——— 祇園		241	て	定食屋soto ——— 烏丸御池	137
	はり清 ——— 京都駅		246		Direct Coffee ——— 京都市役所前	13
	BUNGALOW ——— 四条堀川		153		出町ろろろ ——— 今出川	95
	BANCO ——— 木屋町		148		てらまち 福田 ——— 一乗寺	—
	パンとエスプレッソと嵐山庭園				天下一品 総本店 ——— 一乗寺	158
	——— 嵐山		24		天狗堂海野製パン所 ——— 西大路三条	65
					天龍寺 篩月 ——— 嵐山	100
ひ	PIOPIKO ——— 烏丸御池		145			
	ひさご ——— 高台寺周辺		85	と	東華菜館 ——— 河原町	73
	ひさご寿し 河原町本店				豆腐料理 松ヶ枝 ——— 嵐山	99
	河原町/京都駅		92・247		登希代 ——— 祇園	122
	日の出うどん ——— 南禅寺周辺		87・216		どらやき亥ノメ ——— 西陣	188
					鳥の木珈琲 ——— 御所南	213
ふ	58DINER ——— 岡崎		111		DORUMIRU.yasakanotou	
	伏見茶寮 ——— 伏見稲荷		52		——— 高台寺	22
	フランジパニ ——— 鞍馬口		113			
	フランソア喫茶室 ——— 河原町		166	な	中村軒 ——— 桂	178
	Frip up! ——— 烏丸御池		114		中村藤吉本店 京都駅店 ——— 京都駅	248
	フルーツパーラー ヤオイソ				梨門邸 ——— 銀閣寺周辺	54
	——— 四条大宮		205		naturalfood Village ——— 一乗寺	83
	boulangerie Artisan'Halles				南禅寺 順正 ——— 南禅寺周辺	99
	——— 今出川		115			
	1er ETAGE ——— 河原町		8	に	仁王門 うね乃 ——— 川端御池	96

254

や	焼肉・塩ホルモン アジェ松原本店 —— 木屋町 130			
	yasai hori —— 河原町 127			
	屋台優光 —— 木屋町 35			
	山ばな平八茶屋 —— 修学院 77			
	山元馬場商店 —— 錦市場 71			
	家守堂 —— 伏見 27			
ゆ	遊形 サロン・ド・テ —— 京都市役所前 185			
	ゆば泉 清水五条坂店 —— 清水寺周辺 85			
よ	洋食イノッチ —— 岡崎 109			
ら	RAU —— 河原町 49			
	ラオス料理 YuLaLa —— 四条烏丸 141			
	ラクイイッカイ —— 四条烏丸 34			
	La Voiture —— 岡崎 165			
り	Lignum —— 岡崎 67			
	リストランテ野呂 —— 二条城 26			
	LITT UP. KYOTO GION —— 祇園 12			
	LITT UP. KYOTO 七条本店 —— 京都駅 41			
	料理屋 しん谷 —— 伏見 26			
	RYORIYA STEPHAN PANTEL —— 丸太町 16			
る	le 14e —— 丸太町 135			
	Le sel —— 清水寺 38			
	RUFF —— 四条 42			
	Le Petit Mec 御池 —— 烏丸御池 115			
	Le Petit Mec OMAKE —— 四条烏丸 65			
れ	L'ESCAMOTEUR BAR —— 木屋町 150			
	レストラン キエフ —— 祇園 143			
	レストラン ブラッスリー —— 七条 233			
	Len —— 五条 230			
ろ	六曜社珈琲 地下店 —— 三条 212			
	路地との本 —— 祇園 27			
	ROCCA & FRIENDS PAPIER KYOTO —— 四条烏丸 47			
	LORIMER 京都 —— 五条 66			
わ	WIFE & HUSBAND —— 北大路 228			
	ワインと和食 みくり —— 木屋町 157			
	和栗専門 紗織 —— 河原町 10			
	わしょく宝来 —— 東山 119			
	※店名なし —— 木屋町 158			

	PRESS BUTTER SAND —— 京都駅 251	
へ	辨慶 東山店 —— 五条 159	
ほ	歩粉 —— 紫野 51	
	ホルモン千葉 —— 木屋町 131	
	本家尾張屋 本店 —— 烏丸御池 121	
	本田味噌本店 —— 京都駅 242	
	本と野菜 OyOy —— 烏丸御池 144	
	先斗町薬膳カレー —— 先斗町 133	
ま	MERCER BRUNCH TERRACE HOUSE KYOTO —— 木屋町 234	
	murmur coffee kyoto —— 七条 211	
	マールブランシュ 加加阿365 祇園店 —— 祇園 200	
	マールブランシュ 京都北山本店 —— 北山 237	
	前田珈琲 室町本店 —— 四条烏丸 111	
	益や酒店 —— 河原町 154	
	MACCHA HOUSE 抹茶館 —— 河原町 177	
	まつは —— 京都市役所前 83	
	松葉 京都駅店 —— 京都駅 241	
	MAMEBACO —— 丸太町 42	
	まるき製パン所 —— 四条大宮 64	
	丸久小山園西洞院店 茶房「元庵」 —— 烏丸御池 207	
	マルニカフェ —— 五条 179	
み	MR. MAURICE'S ITARIAN —— 烏丸御池 145	
	MISSLIM Tea Place —— 丸太町 209	
	晦庵 河道屋 本店 —— 京都市役所前 86	
	みやこみち —— 京都駅 238	
む	無碍山房 Salon de Muge —— 祇園 175	
	村上開新堂 —— 寺町 202	
	紫野和久傳 堺町店 —— 烏丸御池 184・240	
	MOON and BACK —— 河原町 32	
め	メッシタ パーネ エ ヴィーノ —— 四条烏丸 134	
	麺屋 極鶏 —— 一乗寺 104	
	麺屋 優光 —— 烏丸御池 104	
も	MOTOï —— 御所南 128	
	モミボン —— 五条 227	
	百春 —— 京都市役所前 112	

編集・取材・執筆	エディットプラス
取材・執筆	エディットプラス 泡☆盛子、津曲克彦、 土井淑子
撮 影	ハリー中西、鈴木誠一、マツダナオキ
表紙イラスト	CHALKBOY
表紙・本文デザイン	八木孝枝
企画・編集	朝日新聞出版 生活・文化編集部 (岡本咲、白方美樹)

京都おいしい店カタログ '21-'22年版
2020年9月30日 第1刷発行

編 著 朝日新聞出版
発行者 橋田真琴
発行所 朝日新聞出版
〒104-8011 東京都中央区築地5-3-2
電話 (03) 5541-8996 [編集]
　　　(03) 5540-7793 [販売]
印刷所 大日本印刷株式会社

©2020 Asahi Shimbun Publications Inc.
Published in Japan by Asahi Shimbun Publications Inc.
ISBN 978-4-02-333993-4

● 定価はカバーに表示してあります。落丁・乱丁の場合は弊社業務部（電話03-5540-7800）へご連絡ください。送料弊社負担にてお取り替えいたします。　● 本書および本書の付属物を無断で複写、複製（コピー）、引用することは著作権法上での例外を除き禁じられています。また代行業者等の第三者に依頼してスキャンやデジタル化することは、たとえ個人や家庭内の利用であっても一切認められておりません。